趣史记

历史③太好玩了

假如古代名将能吐槽

明小叔 著

文化发展出版社
Cultural Development Press
·北 京·

图书在版编目（CIP）数据

历史太好玩了．3，假如古代名将能吐槽 / 明小叔著
．— 北京 ：文化发展出版社，2023.6
ISBN 978-7-5142-3947-8

Ⅰ．①历… Ⅱ．①明… Ⅲ．①中国历史－青少年读物
Ⅳ．①K209

中国国家版本馆CIP数据核字(2023)第048344号

历史太好玩了3　假如古代名将能吐槽

著　　者：明小叔

出 版 人：宋　娜　　责任印制：杨　骏
责任编辑：孙豆豆　　责任校对：岳智勇
策划编辑：曹文静　　封面设计：万　聪
出版发行：文化发展出版社（北京市翠微路2号 邮编：100036）
网　　址：www.wenhuafazhan.com
经　　销：全国新华书店
印　　刷：河北文扬印刷有限公司

开　　本：797mm × 1092mm　1/16
字　　数：170千字
印　　张：19.75
版　　次：2023年6月第1版
印　　次：2023年6月第1次印刷

定　　价：168.00元（全3册）
I S B N：978-7-5142-3947-8

◆ **如有印装质量问题，请电话联系：010-68567015**

大家好，我是这套《历史太好玩了》的作者，明小叔。

说起开笔创作这套书初衷，是因为发现在有些历史题材相关作品中时常会出现对历史事件、人物的描述片面化、脸谱化的现象。作为一个有思想有灵魂的历史人物，会不会有他的内心世界和思想交锋呢？答案是肯定的。所以我选取了一些大家耳熟能详的历史人物，尝试走进他们的内心，探寻在那个时代的各位亲历者不同的想法，争取还原、构建出一个个立体、有趣、丰富、多态、真实的“人”。

这些人物里，有齐桓公、秦始皇、汉武帝这样的开疆拓土、建功立业的雄主，也有商纣王、隋炀帝、李后主这样的亡国之君；有管仲、伍子胥、诸葛亮这样的匡扶君王成就霸业的功臣，也有刘屈牦、杨国忠、贾似道这种败事有余的身败名裂之徒；有季布、霍去病、李靖这样的“常胜将军”，也有吕布、周瑜、潘美这样的受文学作品戏说影响，掩盖历史真相的猛将。当这些“人”

栩栩如生、饶有趣味地坐在我们对面时，我们才能通过他们更全面、客观地了解他们背后的那一段历史。

著名的意大利历史学家克罗齐曾经说过，一切历史都是当代史。中国人也信奉，以史为镜可以知兴替。深入学习历史，并从历史中汲取教训，对人类的发展有着重要的意义。人类的未来——孩子，更应该从小热爱历史，熟悉历史，借鉴历史，运用历史，为自己的人生助力。

小叔一直认为，历史不是枯燥的，不是风干的。虽然年代久远，甚至缺乏足够的史实支撑，但仍蕴含着不可低估的情感和张力，能够让人沉醉其中，徜徉其里。跟古人交谈，这个过程充满了新鲜和挑战，能够让人汲取智慧，实现真正的成长。大人如此，孩童亦然。如果孩子能够从这一套书系当中获得知识和快乐，并收获一些做人做事的经验和准则，明小叔就心满意足了。倘孩子还能建立正确的历史观和价值观，并以之指导人生，那就是明小叔的无量功德了……就以此做个开场白吧。

——明小叔

目录

历史太好玩了 3

历史太好玩了 3

假如古代名将能吐槽……

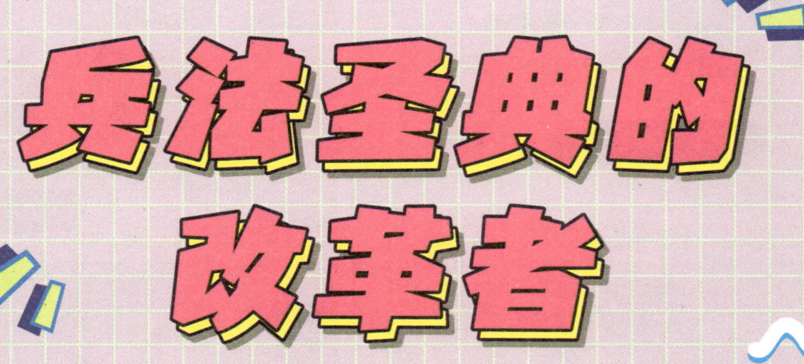

姓　　名：孙武
生　　卒：约前 545 —约前 470 年
出 生 地：今山东省北部
民族族群：华夏族
朝　　代：春秋末期（齐国）
职　　业：军事家、政治家
大 事 记：助吴伐楚、撰《孙子兵法》

进入会场

孙武

吐槽榜 001 名 >

更多直播间 >

从今天起，参加的嘉宾都是历代的名将。第一个上场的名将就是号称“兵圣”的孙武，他的事迹并不多，但他的《孙子兵法》却成为历代兵家的圣典，那么，真实的“兵圣”有什么心声想要一吐为快呢？有请孙武！

参加此次大会的还有姜太公、阖闾、伍子胥。

姜太公：周初功臣，军事家，著有兵书《六韬》

阖　闾：春秋时期吴国君主，在位期间与楚争霸

伍子胥：春秋时期楚人，后逃至吴国，伐楚报仇

孙武

大家好，我是孙武，后世称我为“兵圣”。我著了一本书，叫《孙子兵法》，据说连美国的西点军校都奉为经典。其实那不过是我行军打仗的一点心得体会而已。

伍子胥

你也太谦虚了。我记得我刚到吴国的时候，没有门路觐见吴王，只好在吴国都城的郊外居住，那个时候咱们认识，意气相投，处得非常不错。咱们谈古论今，你最喜欢谈论军事，当时我就感觉你是个军事奇才。

孙武

伍兄过奖了。我算不上奇才，只不过喜欢研究。我原本是齐国的贵族，本来姓田，因我爷爷那辈儿有功，被赐姓孙。田氏在齐国非常显赫。可以说齐国分为两个阶段，一个叫姜齐，另一个叫田齐。在历史的洪流中，田氏后来取代了姜氏，成为齐国的世袭国君。我们孙家就是田氏一脉。

姜太公

还有这种事？我靠功劳挣下的一个诸侯国竟然改姓了？

阖闾

您老别着急，江山代有才人出，诸侯易姓也不算什么大事。

我的祖先太伯还不愿意争储君之位，主动来到吴越之地断发文身呢。天下之大，无奇不有。

孙武

我当初离齐奔吴，并非齐国待我不好，而是我的治兵观念跟齐国主导的《司马法》格格不入，我没有用武之地，所以不得不另择良木。

姜太公

《司马法》乃是我所创制，为齐国千年不易之兵法，哪个敢擅自改动？你小子野心也太大了，竟想妄改《司马法》，简直是自不量力。

孙武

不是这样的。您创立《司马法》的时候，还是在商末周初，距离我的时代已经有五百年了。《司马法》虽然很完备，但它是您那个时代贵族战争的产物，对于我所处的春秋无义战时代，甚至是后来的战国时代，已是大大的不宜。兵法的改革亟待进行，但是我看得出来，齐国是没有这个氛围的。毕竟齐国是最老牌的诸侯，不会轻易改变已经实行了五百年的兵法。纵然有人要改革，也必然付出巨大的代价。所以，权衡之下我才选择离开。

阖闾

那你为什么选择了我们吴国？

孙武

我的目的国有四个：吴、越、楚、秦。这四个国家被中原诸侯看作蛮夷之国，处于鄙视链的底端。不过，蛮夷之国有蛮夷之国的好处，那就是什么都能接受，没有条条框框的束缚。不过这四个国家也不是我想去哪个就去哪个的，我只能选择吴国。这背后还有点小插曲。晋国当时为了争霸，与秦、楚为敌，因此秦、楚我是不能去的；越国呢，当时是秦、楚的盟国，也不能去；而吴国正是晋国培植拉拢的对象，又是新兴国家，所有我才选择入吴。

阖闾

当时，吴国刚在历史舞台上冒头，楚国害怕吴国强大，就扶植越国制约吴国；晋国为了跟楚国争霸，当然就对我抛出了橄榄枝，要联吴疲楚。我本人也希望吴国强大。吴国对各方而来的人才都非常重视，虽称不上千金买骨，但也向各国贤达敞开了大门。

孙武

我被吴王看重，是因为伍子胥的引荐。我把我写的十三篇兵法呈交给吴王。吴王看了非常兴奋，让我依法演练一番，但是不给我军卒，只让我训练宫女。由于她们一直不听从号令，我不得不杀掉吴王两个带队的宠妃，树立威信，才使训练完成。

阖闾

孙武练兵，杀一儆百。军队如果没有铁的纪律，就不能令行禁止，就不会有战斗力。只有罚不避亲、刑不畏贵，其法才有权威性，令才有号召力。这样的人可以拜上将军！

孙武

其实我这一生也没打过多少仗，也就是在伍子胥率领吴兵攻楚的时候，作为伍子胥的副手和参谋出了不少主意和计策。

伍子胥

你这样说，我都脸红了。咱们伐楚能够那么顺利，你厥功至伟！

孙武

在我看来，经济是军事的基础，没有坚实的财力、物力的支持，要想打一场胜仗，简直太难了。所以我建议吴王阖闾，先富国再强兵。经过几年发展，吴国不断发展壮大，百姓丰衣足食，具备了强大的经济实力。之后，我被任命为将军，训练吴国士卒。我把我所钻研的兵法付诸实践，很快将吴卒打造成一支军纪严明、作战勇猛的强军。后来，吴国进攻楚国，我所训练的这支部队得到了检验，之前威风凛凛的楚军竟然不堪一击，吴军所向披靡，战斗力爆表，一鼓作气攻破楚都郢城，大胜而归。

阖闾

从此，吴国震动天下，我也敢带着队伍到中原去转悠转悠，那些老牌的春秋霸主之国都对我恭恭敬敬的，吴国也成为新的霸主。这些都是孙武的功劳。

明小叔点评

“兵者，诡道也。”这是孙武的观点。这与《司马法》所主张的“以仁为本”“以战止战，攻其国，爱其民”的礼仪化战争的观点大相径庭。并不能说谁对谁错，乃时移世易也。春秋战国是大争之世，所以才需要“诡道”。孙武不过是顺应潮流而已。

< 发现　　朋友圈 

孙武

阅读《孙子兵法》，带你轻松达到人生巅峰！

× × 年　　删除　　•••

阖闾

我要一本！！

姜太公

我要十本！！那个能打八折吗？

姓　　名：吴起
生　　卒：？—前 381 年
出 生 地：今山东省定陶县西
民族族群：华夏族
朝　　代：战国初期（鲁国→魏国→楚国）
职　　业：军事家、政治家、改革家、兵家代表人物
大 事 记：创立魏武卒、吴起变法

进入会场

吴起

吐槽榜 002 名 >

更多直播间 >

吴起号称“战神”，他的事迹跟孙武并列于《史记》当中。他一生无败绩，却因为一些私德上的瑕疵而饱受争议，比如说杀邻杀妻。究竟当时他出于什么样的心理才惹下这些千古非议？且听本尊一吐为快！

参加此次大会的还有魏文侯、魏武侯、鲁穆公、曾申、田文、楚悼王。

魏文侯：魏国开国君主，使魏国成为战国初期霸主
魏武侯：魏文侯之子
鲁穆公：鲁国第 29 任君主
曾　申：孔子弟子曾参的儿子，吴起的蒙师
田　文：战国四公子之一的孟尝君，先后任齐相、魏相
楚悼王：楚国国君，任用吴起进行变法

吴起

大家好，我叫吴起。我是卫国人，出生地在定陶县。我被后世称为“一流的将军”。这够拉风吧！但是，我的出身却很低贱。之所以说低贱，是因为战国的时候重视农业，轻视商业，而我家偏偏是经商的，虽然广有财富，社会地位却不高。

曾申

我是曾子的儿子，跟父亲一样，是个儒门教师。战国的时候，士农工商，商业排在最后，最被人瞧不起。

吴起

无所谓，好男儿志在四方，我对钱不感兴趣，我要的是封侯拜相！为了这个目标，我到处撒钱、托关系、找门路，几乎花光了家里所有的积蓄，可连个一官半职也没捞到。邻居们嘲笑我，我一怒之下杀了三十多人，从家里逃了出来。临走的时候，我赌气跟母亲说：“不当卿相，儿子绝不回卫国，绝不回来见您！”逃跑后，我拜到曾申的门下，学习儒术。

曾申

吴起资质不错，学什么都很快，就是有点急功近利。他在我这儿学得好好的，中途他的母亲故去，按照儒门礼法，他应该回家守孝三年，他却不肯回去。我一怒之下，把他逐出师门，不允许他再做我的弟子。

吴起

我才不会花费三年的时光守着凄冷的坟头呢。谁知道这三年会发生什么变化，会有什么机会降临到我的头上？儒术学不了了，我只好学起了兵法。误打误撞，我竟然找到了最适合自己的一条路。我好像在兵法方面有天赋，那些佶屈聱牙的兵书文辞，我一看就会，一揣摩就懂。不知不觉中，我便将古往今来的兵法都学会了，什么《司马法》《孙子兵法》《司马穰苴兵法》，全都烂熟于胸。学得差不多了，正好来了一个机会。

鲁穆公

齐国要攻打鲁国。我听说吴起精熟兵法，就想让他领兵御敌。有人告诉我，他的妻子是齐国人，要是以他为将，恐怕他会偏向齐国。吴起为了杜绝这样的嫌疑，竟然把自己的妻子杀了。所以他后来虽然为鲁国打了胜仗，可这样的狠人我也不敢用。

魏文侯

小小鲁国，岂是吴起的用武之地？我们魏国才是他施展军事才华的舞台。我邀请吴起到魏国来，因为大臣李克告诉我，吴起的人品虽不咋的，可打仗是个奇才，连司马穰苴都不是他的对手。我就需要吴起这样的人才，私德可以退而求其次。

吴起

司马穰苴是春秋末期齐国人，是继姜太公之后一位承上启下的军事家。他的军事思想影响很大。不知道从什么时候起，竟把我跟司马穰苴相提并论，后来还说我比司马穰苴还强大，真是无语。

魏文侯

你当得的！魏国给你提供用武之地，够你这匹千里马好好驰骋了！

田文

大家好，我叫田文。我跟后来战国四公子之一的孟尝君同名，却不是同一个人。吴起到了魏国，用实际行动证明了他确确实实是个军事奇才。他在军中与下等兵同吃同睡，干一样的脏活累活。士兵生了疮，他甚至亲自用嘴吸脓。

魏文侯

当时流传着一个故事。说吴起为士兵吸脓，那个士兵的母亲知道后放声大哭。有人不解地问她："吴公为你儿子吸脓，说明对你儿子好，你应该骄傲才对呀？"那个士兵的母亲却说：“你懂什么，以前吴公也为孩子爹吸脓，孩子爹打仗不要命，为国捐躯；如今吴公又为我儿吸脓，我儿还有命吗？”吴起就靠这种手段赢得了士卒的忠心，很快为魏国打造了一支无敌军队——魏武卒。

吴起

魏武卒好不好使，秦国人最有发言权。魏武卒在魏秦之战中大显神威，令敌丧胆。其实魏武卒是一种军事体制，五人为伍，设伍长一人；二伍为什，设什长一人；五什为屯，设屯长一人；二屯为百，设百将一人；五百人，设五百主一人；一千人，设二五百主一人。其中，“二五百主”也称“千人”，也就是以一千人为基本的作战单位。打仗的时候，设将军一人负责指挥全军，如脑使臂，如臂使手，如手使指。即便是战败，也可以迅速地组建军阵，保留力量。魏秦阴晋之战中，秦惠公不服，起重兵五十万想要夺回河西之地，我只用区区五万魏武卒就把秦军打得稀里哗啦。后来，我又用魏武卒去攻打齐国，同样取得大捷。要是魏文侯不死，我或许真能带领魏国打出一条统一之路来。

魏武侯

吴起真是了不起，使魏国“辟土四面，拓地千里”，立了大功。要是我父亲不死，吴起真的不可限量。由于吴起战功卓著，我后来担心吴起四处树敌，使魏国的外交陷入困境，所以我才选择了田文而非吴起作为相国。

田文

吴起不服，曾经质问我，跟我比功。我告诉他，怎么比都是你的功劳大，但为什么国君不任用你为相国呢？是因为国君认为政局稳定高于一切，而你四下开战，使魏国动荡不安，所以才被排除。

吴起

你们就是嫉贤妒能，有我吴起在，魏国即便不能统一天下，也是强国中的强国，一定会领先诸国。

魏武侯

田文死后，公叔痤为相，吴起还是没戏。估计吴起内心的阴影面积又大了几圈。吴起为人狠戾，没有底线，这样的人就如同定时炸弹，我怎么能把他留在身边委以重任呢？

吴起

公叔痤排挤我，把我挤出了魏国的政治中枢。我没脸再在魏国待下去了，一怒之下来到楚国。楚悼王收留了我，还把令尹的位子让我坐。我受宠若惊，在魏国梦寐以求的地位，竟在楚国轻轻松松就实现了。

楚悼王

还不是因为你的名头太响了！魏国失去你，是巨大的损失。楚国得到你，简直是坐上了火箭。你的所有缺点我都能忍，只要你能让楚国强大。

吴起

没的说，我只能拿出吃奶的力气和全部智慧在楚国推行变法，使楚国强大。

楚悼王

这就是所谓的“吴起变法”。经过吴起变法，楚国国力日益强大，我开疆拓土的野心得以实现。楚国在吴起的带领下，南攻百越，把疆域扩展到了洞庭湖、苍梧郡一带。为了报复魏国排挤之仇，吴起率领楚军联合赵国夹攻魏国，取得大胜，令他找回了颜面。

吴起

然而，我搞的变法却得罪了大批楚国贵族，他们直欲杀我而后快。假如楚悼王多活几年，我或许还能保平安。可惜，楚悼王早早去世，使我的变法半途而废，还搭上了我这条小命。

楚悼王

唉，要是我多活几年，咱们君臣之间的关系绝不亚于秦孝公和商鞅。可惜啊，命运不济，我死之后，你也被射杀，尸体遭到车裂。

商人出身的吴起，入仕不顺。越是不顺，其内心对“高官厚禄”的渴望越强烈，为此，他可以罔顾人性的底线，杀邻杀妻。这样的功业取之何益？其一生无败绩，固然堪称“战神”，但背后所散发的阴狠和戾气实在让人无法钦服。

给个官做吧。

这个儒术呀……

啊！

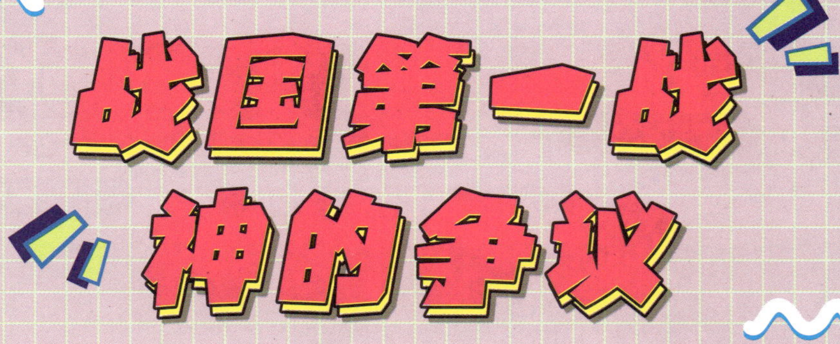

姓 名：	白起
生 卒：	？—前257年
出 生 地：	今陕西省眉县常兴镇白家村
民族族群：	华夏族
朝 代：	战国末期（秦国）
职 业：	将军、军事家、兵家代表人物
大 事 记：	攻打六国、长平之战、赐死于杜邮

进入会场

白起简直就是我的骄傲！

吹嘘有点过了，差不多得了！

什么？白起加入战斗？快……快扶老夫坐起来！

我的武安君可还好吗？

白起真狠……白起你就一点都不害怕吗？

白起

吐槽榜 003 名 >

更多直播间 >

白起的名号很多，“战神”“杀神”“人屠”……无论哪一个名号都显示了他作为卓越的军事统帅的一面，但任何的军事行动都不能脱离政治而单独存在，可惜白起不懂这个道理，最终落得被逼自杀的结局。相信对于这个结局，白起一定有话要说！

参加此次大会的还有秦昭王、魏冉、范雎、廉颇、赵括。

历史③太好玩了

秦昭王：秦国国君，周王朝的终结者

魏　冉：秦昭王时期权臣

范　雎：秦昭王时期名相

廉　颇：赵国大将，以抗秦著称

赵　括：赵国将领，擅长纸上谈兵

白起

大家好，我就是白起，后世喜欢我的人称我为“战神”，不喜欢我的人称我为“人屠”，因为我在长平之战中坑杀了四十万降卒。这件事始终盘旋在我的心里，害得我时常在噩梦中惊醒。我出生的时候，秦国已经变得十分强大。秦昭王继续推行商鞅之法，鼓励军功获爵，所以我才能在军队中崭露头角。

魏冉

白起是我一手提拔起来的，最能打仗。我记得秦昭王十四年，韩魏联军扼守崤山和函谷关，打算阻止秦军东出的步伐。我起用白起为将，出兵攻打韩、魏二国。白起采用避实击虚、先弱后强的战法，将秦军主力军绕至韩魏联军后方，把韩魏联军主力包围于伊阙，最终灭韩魏联军二十四万人。伊阙之战，白起之名，天下皆知！

秦昭王

从此以后，白起的战绩照耀古今，成了从不打败仗的“战神”。六国听到白起的名字，即便没有战争，也会心寒胆战。三十年间，他攻魏，夺韩，打赵，迫楚，数十次大战，无一败绩。尤其是对楚作战，迫使楚迁都于陈，从此一蹶不振。凭借这些军功，我封白起为武安君。

魏冉

我没有看错白起，他绝对是打仗的天才，要是他一直活着，秦国早就统一六国了，何必要等嬴政那小子！

秦昭王

舅舅，你是不是也想一直活着？你眼中的“战神”能打仗不假，可惜政治上是个二百五。

魏冉

我当初重用他，也不想他参与政治，让他好好打仗就行了。

范雎

好像你多有公心似的！身为国家大将，怎么能脱离政治而存在呢？白起难道是个傻子吗？一点儿都不了解秦国朝局的变化？

秦昭王

我在位五十六年，其中有一大半的时间，政权操之于我的母亲宣太后和我舅舅魏冉手里。直到范雎入秦，我才着手铲除以宣太后和魏冉为首的楚国系势力。白起是魏冉重用的人，当然也属于他们一系，也在我清除的范围内。可是，他太能打仗了，我虽然对他有所顾忌，但不忍心对他下手。

魏冉

我为国用贤，白起何罪之有？

范雎

你为国用贤不假，但白起从不打败仗，官位越升越大，他一旦起了反心，以他所掌握的军权和军队，以他所具备的军事才能，天下谁能制衡得了他？你们这些人，一点儿都不了解帝王的心思。

秦昭王

范雎说得太对了。白起是魏冉的同党，并且能打仗，手里还握有军权，我每想到此，常常冷汗直流。之所以不杀他，是因为战场上离不开他。不过留着他，终究是个祸害。不要怪我狠毒，自古皆然。

赵括

没人说您狠毒，白起比您更狠毒。

范雎

老赵，你说的是长平之战吧。

赵括

你说呢，四十多万生灵啊，说没就没了，他心里难道一点也不怕报应吗？

白起

魏冉下台后，忧愤而死。我知道自己也可能被牵连，但我没多想，因为秦国的作战离不开我，我纵然有危险，也没人敢动我，包括昭王。

秦昭王

我现在不敢动你，不代表我永远不动你。

白起

后人说起我，张口闭口就是长平坑卒。昭王四十五年，秦国攻占韩国野王，孤立上党。韩王想把上党献给秦国以求息兵，可上党郡守冯亭不愿降秦，而是把上党献给了赵国。赵王封冯亭为华阳君，派平原君赵胜去上党接收土地，同时派廉颇率军驻守长平，以防备秦军来攻。

廉颇

我在长平布置了三道防线：第一道是空仓岭防线；第二道是丹河防线；第三道是百里石长城防线。三道防线东西数十里，星罗棋布，动此彼应，互相救援。

白起

廉颇真是神将，我打了这么多仗，没服过谁，可是对这位老将，我不得不佩服。要是他一直领导赵军，秦军恐怕就会无功而返，甚至损失惨重。

廉颇

很快秦军突破了第一道防线，我军遭受损失。我分析战场形势，发现秦军的补给线过长，后勤保障有困难，于是，我决定构筑壁垒，以逸待劳。

白起

廉颇打算跟秦军玩持久战，这可是打了秦军的七寸。无论秦军怎么攻打，都突破不了丹河防线，秦赵两军形成对峙局面，战争持续了三年，秦军损兵折将。

秦昭王

尽管我有一百个不愿意，我也只能起用白起了。

廉颇

听说“战神”白起要来前线指挥作战，我大为振奋。说实

话，我对这个后起之秀真有点惺惺相惜的感觉，要是我俩能在战场上对决，无论胜负，都将是一场辉煌的战役。

赵括

你想得美，你没机会与白起对决了。

廉颇

天杀的赵王，竟然派一个只会纸上谈兵的赵括取代我，不败才怪呢。

白起

我来到前线，本想跟老将廉颇比试一番，可是没想到赵军主帅换成了赵括。虽然不能跟廉颇一战令人遗憾，但赵括能让我稳操胜券。我突然觉得，赵孝成王和赵括简直跟我是一伙的，没有他们，我该如何对付廉颇呢？

赵括

你哪里知道赵国的情况，廉颇的以逸待劳战术是不错，可是赵国也耗不起啊，赵国的粮食产量只有秦国的三分之一，一旦相持下去，赵国如何应付得了？所以，赵王才铤而走险，让我去取代廉颇。

白起

纸上谈兵的赵括果然名不虚传。我对于这样的书生，决定采取后退诱敌、分割围歼的战法。赵括很快中招，进了我的包围圈。

廉颇

白起真不愧是“战神”啊，这样的后生世所罕见。

白起

您老也是一代神将，有您在，我可不敢这么放肆作战。

赵括

你俩这样互相吹捧有意思吗？

白起

赵括永远不会明白兵法的奥妙。我决定给他上一堂深刻的包围战法课。

廉颇

我研究过你的战史，你一贯的战术风格就是深藏不露、避实击虚。赵括焉能不败？他完全没有意识到白起已经为他准备好了一个大瓮，要给他来个瓮中捉鳖。

白起

赵军主力陷入秦军包围，赵军大为恐慌。赵括连杀八名都尉以稳定军心，命令数十万赵军从各个方向冲击秦军壁垒，却始终不得突围。我出奇兵，将赵军截为三段。赵军首尾分离，粮道被断，只得构筑壁垒坚守，以待救兵。到了九月，赵军断粮四十六天后，饥饿不堪，军心动摇，出现了人相食的惨况。赵括决心突围，被秦军射杀。赵军大败，四十万士卒投降。我将降卒全部坑杀，只留下二百四十个年纪小的士兵回赵国报信。我本想乘胜追击，一举消灭赵国。可是，被昭王叫停。

秦昭王

你想得太多了。赵国经长平一役，虽元气大伤，只能等死，但还没到死的时候。我这边的情报显示，赵国的平原君写信给魏国的信陵君求救。信陵君窃符救赵，可见天不亡赵，还需要等待时机。何况，灭赵的大功我怎么能让你得了呢，要是你得了，我该怎么封赏你这个武安君呢？难不成让你做秦王第二？

范雎

白起太不懂帝王心了。秦昭王因他是魏冉一党，一直担心他坐大无法控制，他偏偏看不清形势，还要灭赵，岂有此理！谁知道他将来会不会给魏冉平反？赵国是要灭的，但不要白起去灭。秦昭王四十九年，秦王派遣五大夫王陵攻打赵国邯郸，正式启动灭赵计划。白起对秦王和我有怨言，称病不起。第二年正月，王陵攻邯郸不大顺利，秦王又增发重兵支援，结果又损失惨重。

秦昭王

秦军也是不争气，关键时刻非得让我去求白起。

白起

秦王让我出山，我心里不爽。当初怎么说来着，您不是对范雎言听计从吗？您让范雎去指挥攻赵啊！想到此，我怨气陡升，一口回绝了秦王的请求，并劝他不要攻邯郸，否则必败。

秦昭王

敢跟我较劲，你是自讨苦吃！

白起

当初您不听我的劝，结果如何？

范雎

秦王非常恼怒，强令白起出兵。白起仍然不听。三个月后，秦军战败的消息不断从邯郸传来，昭王迁怒于白起，命他即刻动身，赶赴邯郸。白起带病上路，刚行至杜邮，我就建议秦王杀死白起，以绝后患。秦王毫不犹豫，当即同意了。

秦昭王

我看你白起长了几个脑袋！

白起

我本来就该死。长平之战，赵军降卒四十万人，我用欺骗的手段把他们全部活埋了，这就足够死罪了！

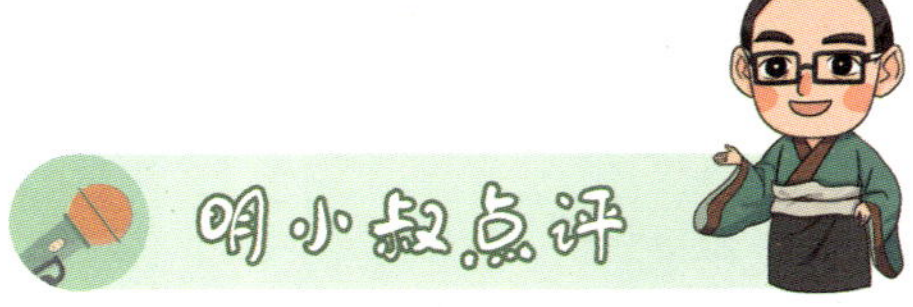

白起杀四十万降卒，实属不仁；负气不遵秦王之命，实属不忠；功高震主不知保身，实属不智；只知军功而不知政治，实属不明。有此不仁、不忠、不智、不明，白起自杀而死，不亦宜乎！

最佳吐槽榜单 >

白起

 × × 年

马上就要消灭赵国了，昭王为何拦我?

4 喜欢 3 评论

秦昭王

多心了不是?我这不是怕你累着嘛。

范雎

我就看看不说话。

廉颇

此生得一知己，足矣。

假如古代名将能吐槽……

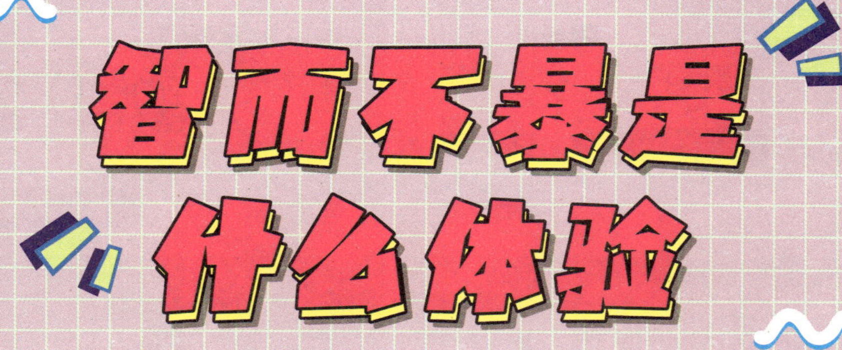

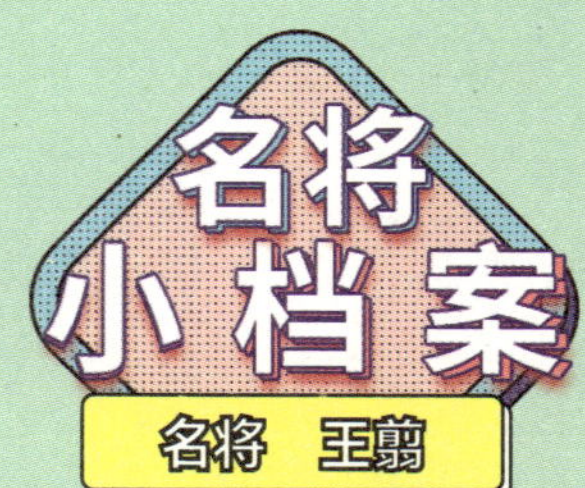

姓　　名：	王翦（jiǎn）
生　　卒：	不详
出 生 地：	今陕西省富平县
民族族群：	华夏族
朝　　代：	战国时期（秦国）
职　　业：	大将军、军事家
大 事 记：	灭赵、灭楚

进入会场

王翦

吐槽榜 004 名 >

更多直播间 >

王翦在秦统一六国的过程中，简直是神一样的存在，统一路上最硬的骨头——赵国和楚国，都是他啃下的，更难能可贵的是，他功成身退，落得个善终。这在历代名将中可谓鲜有。他究竟拥有着怎样的智慧，让他在与秦始皇那样的雄主周旋中也能保全自身？有请王翦，为我们分享他的人生经验。

参加此次大会的还有秦始皇、李牧、赵孝成王。

秦始皇：中国历史上第一个大一统王朝的开创者

李　牧：赵国名将，战国四大名将之一

赵孝成王：战国时期赵国第 8 代君主

王翦

大家好，我叫王翦。我们王氏在秦国并不算显赫家族，但据考证，我们家也算是王室后裔，远祖可追溯到周灵王的太子姬晋，不过太久远了，也没什么可夸耀的。我出身平民，从小就不喜欢舞文弄墨，对行军打仗兴趣更大，而且我的力气很大，九岁的时候就可以拉开五十石（相当于一百斤）的弓了。

秦始皇

我大秦的“战神”正在冉冉升起，我似乎看到了大秦的统一之光！

王翦

我哪里敢称“战神”？大秦的“战神”不是白起吗？

秦始皇

你并不比白起差，而且你的情商可比他高多了。

王翦

我可不敢当。虽说我小时候不喜欢读书，可兵书除外。普通的书我看两行头就大了，兵书我可以读上几天几夜，不知疲倦。

秦始皇

宝剑藏于匣内，珍珠蕴于贝中。你早晚要发光发亮的。让我对你刮目相看的是，有一次对赵作战，你以少胜多，连破九座赵城，一战成名天下知。我断定你日后必为我大秦名将。你还记得我对你说过的那句话吗？

王翦

“待我些日子，我们一起开创一个大大的帝国。”我一辈子都不会忘记您对我的殷殷寄托。您是千古雄主，尤其是在铲除了吕不韦和嫪毐的动乱后，更加雄姿英发，睥睨宇内。

秦始皇

说起铲除吕不韦和嫪毐，如果没有你掌握军队给我撑腰，我也很难办成。当初，你建议我赐死吕不韦，我心中还犹豫，现在看来还是要谢谢你，吕不韦不死，我是不可能亲政的。没有了掣肘的人，你我君臣可以放手一搏。我每次见到你带领大秦铁骑驰骋在六国的土地上，心里别提多快慰了。你这一生，除了没有参与灭韩之战，其余五国的灭亡都有你的贡献，尤其是灭赵和灭楚，都是你的大功！

王翦

我不过是您的马前卒罢了，哪里有什么功劳。

秦始皇

就拿灭赵来说吧，我有王翦，赵有李牧，这个李牧的军事才能并不比你差。

王翦

李牧打仗可比我厉害多了。

赵孝成王

可惜，李牧的情商跟你比可差远了。要不然也不会是秦灭赵，而是赵灭秦了。

秦始皇

天命在秦，你们赵国无力回天。

赵孝成王

如果我们用好了李牧，无力回天的恐怕就是秦国了。

李牧

现在说这些还有什么用？六国之中，赵国实力最强，尤其是军事实力，简直是秦国的一块心病。当初，秦王命令大将桓齮（yǐ）和杨端和向赵国进攻，占领赵国多座城池。您的那位

儿子赵悼襄王不过是个花花公子，饮酒作乐在行，派兵遣将就不行了。老将廉颇被逼叛逃到魏国。赵国竟然无将可派。赵悼襄王连羞带愧，一命呜呼，把赵国的烂摊子留给了亡国之君赵幽缪王。赵幽缪王不得不起用我。

赵孝成王

你这个人我是知道的。匈奴横行塞外，锋芒凌厉，你李牧镇守雁门关，采用“能而示之不能”等军事策略，诱惑匈奴骑兵，抓住战机，大败十万匈奴铁骑，此后多年匈奴止步雁门关，再也不敢南下。

李牧

秦始皇十八年，大秦锐士出征赵国。这一次是由大秦名将王翦和杨端和带队，看来秦王是想派遣老成持重的秦将一举击败赵国，可我不会让秦王的如意算盘成功的。

王翦

大家都希望看到的大秦名将对战大赵“战神”的场面并没有出现，因为我表现欠佳，被李牧打得灰头土脸，一败涂地。

秦始皇

我这人有个特点，就是你越难啃，我对你的兴趣越大。我消灭了韩国后，又一次将大秦铁骑的锋芒对准了赵国，秦军主力再次在王翦和杨端和的带领下直驱赵国。

李牧

这次我也保管让你高高兴兴地来，垂头丧气地回。

王翦

这次不一样了，李牧，因为我决定不按套路出牌。打仗我恐怕不是你的对手，但“兵者，诡道也”，既然硬攻不成，那就来个“巧攻”，从内部瓦解你。这方面我得跟“战神”白起好好学学。我派人收买了赵王近臣郭开，让他在邯郸散播谣言，说李牧要和秦军勾结灭赵。

李牧

好像历代赵王都有听信谗言的“优良传统”。赵孝成王听信谗言换掉廉颇，改用赵括为帅，导致长平之战惨败；赵悼襄王听信谗言逼走廉颇；赵幽缪王听信谗言将我杀死。这爷儿仨都是一个品性，这么玩，不把赵国玩死才怪呢。

赵孝成王

唉，赵国的灭亡我们爷儿仨当然负有不可推卸的责任。可你的死，自己也难辞其咎。你这个人就像茅厕里的石头——又

臭又硬。你还记得在对匈奴作战的时候，我不满意你的固守不战，把你换掉，后来赵军大败，我再请你出山的时候，你竟然一点面子也不给我，还坚持让我服软，我心里能舒服吗？在这点上，你简直是白起的翻版。跟王翦比，可是天壤之别了。

秦始皇

根本不是一个级别，同样的事情也发生在我跟王翦身上。灭楚时，我让将军李信带领二十万秦军进攻楚国，结果被打得大败，我只好亲自去请王翦。王翦只是稍微一推托便出山了。

王翦

其实，我也是吸取了白起的教训。我深知您的性格，所以意思一下就出山，但我也坚持说，六十万大军一个都不能少！

秦始皇

六十万啊，那可是秦军的全部啊，我能放心让你带出去吗？你一旦造反，我上哪里组织军队去？因此，我十分犹豫。

王翦

我不光管您要六十万军队，我还管您要各种赏赐，良田、美女、豪宅、宝马、香车、珠宝……简直是狮子大开口。

秦始皇

你这个人每次打胜仗后都会要这要那，我不想给都不行。不过，我喜欢你这样的将领，对权势没有野心，只想满足一些私欲，这样我是能理解的，我也更放心。

王翦

秦王如此信任我，我怎么会辜负他呢，我率领这六十万大军攻楚，对阵楚国大将项燕，最终灭了楚国。我也因为灭楚之功，被封为武成侯，秦王还尊我为老师。我一看，我这一辈子，也称得上建功立业了。但我不想功高震主，我时常想起“水满则溢”“功成身退”等话，常常警惕在心，因此决定见好就收，回归到那些良田、豪宅中去，悠然度过晚年。

功成身退是一种大智慧，“飘然高隐”又不容易做到，最后只能退而求其次，以自污的方式——声色是娱，犬马是好，博取君主的放心，换取自己的平安。王翦情商之高，世不多见。白起、李牧的结局可与之反观。

< 发现 朋友圈 

王翦

× × 年 删除 •••

秦始皇

我的“战神”！

赵孝成王

楼上的差不多得了。

李牧

凭什么他能享受这待遇？

纵然战绩辉煌有何用

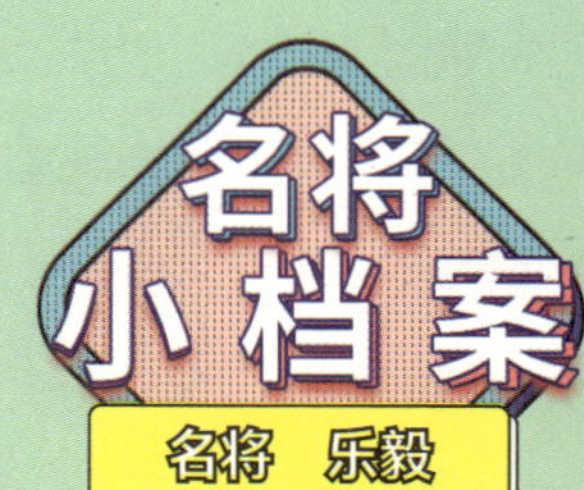

姓　　名：乐毅（yuè yì）
生　　卒：不详
出 生 地：今河北省灵寿县
民族族群：华夏族
朝　　代：战国时期（赵国→魏国→燕国→赵国）
职　　业：将军、军事家、战略家
大 事 记：助燕破齐

进入会场

乐毅

吐槽榜 005 名 >

更多直播间 >

诸葛亮躬耕在南阳，自比管仲、乐毅。乐毅何许人也，竟然令孔明先生如此崇拜？原来，他存弱燕，破强齐，差点灭亡了齐国。但有人却说他忙活了半天，不过是为秦国作嫁衣裳。面对如此说法，不知乐毅有何感想？有请本尊一吐心中块垒！

参加此次大会的还有燕昭王、触子、田单、诸葛亮。

燕昭王：战国时期燕国第 39 任君主

触　子：战国时期齐国大将

田　单：齐国名将，运用火牛阵大败燕国军队

诸葛亮：三国时期蜀国丞相

乐毅

大家好，我叫乐毅。我的先祖是乐羊，乐家世居中山国，后来中山国被赵吞并，我们又成了赵国人。

诸葛亮

我的天啊，这不是传说中的乐毅吗？我可是您的铁杆“粉丝”。我在南阳种地的时候，每天幻想的就是成为像您一样的风流人物。连下齐城七十多座，这份战绩并不比吴起、白起差啊，请接受我的膝盖。

乐毅

诸葛小兄弟快起来，地上凉。那也不过是偶然罢了，我怎么敢跟“战神”相提并论，真是羞死了！

燕昭王

你别谦虚了，你当不得，别人更当不得。这话说起来就长了，恐怕还得从燕国的一场禅让闹剧说起。燕王姬哙以禅让的方式把王位传给了相国子之。太子姬平岂肯同意，蓄意除掉子之。双方明争暗斗，打得不可开交。邻居齐国趁机侵略燕国，仅用五十天就攻下燕国首都，子之被砍成肉酱，姬平也死于兵乱，赵武灵王把我护送回国，即位为燕王。我即位之初，就发誓要报齐国破都之仇。为征召天下英雄，我专门打造了一座黄金台。黄金台就是一座英雄榜，我诚邀天下英才来燕国发展。

我会给予他们广阔的用武之地。

乐毅

燕国内乱时，我正在赵国当个小官，不过赵武灵王是个非常有作为的国君，他推行胡服骑射，使赵国强大。我本想好好混，将来能在赵国有一席之地，谁想到，一代雄主赵武灵王竟然在沙丘之变中被饿死了。我对赵国很失望，就去了魏国，后听说燕昭王在招贤纳士，又辗转到了燕国。

燕昭王

早就听说乐毅是个不可多得的人才、将才，所以他刚入燕国，我就封他为亚卿，让他在燕国推行改革。短短十几年时间，乐毅就让积贫积弱的燕国变得强大起来。

触子

大家好，我是乐毅攻齐时的齐国统帅触子。乐毅十几年间再造燕国，可齐国这十几年在干什么呢？糊涂的齐湣王狂妄自大，四处征战，已经掏空了齐国的国库。齐国百姓负担不起，早已对穷兵黩武的齐湣王心怀不满。

乐毅

齐王不得民心，燕昭王报仇的机会来了。我对燕、齐两国的形势做了深入分析，向燕昭王提出了可以攻齐的结论。

燕昭王

乐毅一说攻齐，可把我乐坏了，我做梦都想攻打齐国。于是，在乐毅的建议下，我联盟赵、韩、魏三国，相约一起征讨齐国，赵国又联络了秦国，五国合兵一处，共同伐齐。

触子

坏消息传来，燕昭王拜乐毅为上将军，率领全部精锐部队，连同秦、赵、韩、魏五国大军，浩荡出征讨伐齐国。齐湣王盲目自信，听说五国联盟伐齐，并不害怕。他调集全国军队，让我为帅，抵御乐毅的联军。他还放下狠话，如果我不打胜仗，就把我家的祖坟给挖了。唉，有种的话，去挖乐毅家的祖坟啊，挖我家的干吗？

乐毅

放心，我不会给你们挖坟的机会！

触子

那我还是跑吧！

乐毅

算你跑得快，要不然我得抢先去挖你家的祖坟了。

诸葛亮

好个乐毅！带领联军进入齐境，犹如狼入羊群，接连拿下七十余座城池，不费吹灰之力，连齐国的国都临淄都被他拿下了，齐滑王抱头鼠窜。不到半年的时间，齐境除了莒城和即墨外，全部挂上了燕国的旗帜，改为了燕属郡县。这份战绩，无论放在哪个历史阶段，都是耀眼的！

田单

诸葛村夫，你简直不把我放在眼里！

乐毅

要是没有田单，我就封神了。齐国偏偏出了个田单，把我的如意算盘全给搞乱了。这是为什么呢？我之前得罪过他吗？想不通啊……

田单

别瞎想了，我就是你的命中克星。克星，懂不懂？专门克你的。

乐毅

差点克死我！齐国的七十多座城池都被拿下了，就剩下莒城和即墨，就是再难啃，我多耗费些时间也就拿下了，谁料想，一围就是三年，硬是没把这两座城池拿下。

田单

快拉倒吧，我还不明白你的那点小心思？你表面上对莒城和即墨围而不攻，却在那些被你侵占的齐国城池推行燕化政策。你为了收买人心，为齐桓公与管仲修建庙宇，进行祭祀活动，还封了二十多个拥有燕国封邑的封君，给一百多个原齐国名流封了燕国的爵位，彻底同化了齐国贵族。

燕昭王

乐毅真是高明，就连齐国老百姓都认同了燕国的统治。但一些不死心的宵小之徒，到我面前打乐毅的小报告："他能用五年时间打下齐国七十余城，为什么三年时间却攻不破两座孤城？原因只在于他有野心，想收服齐人之心，自立为王。"我听完小报告后，二话没说，立即把他们的头砍下。我怕流言破坏乐毅的方略，就主动封乐毅为齐王。

乐毅

我不是傻子，我死也不会接受齐王封号的。一旦接受了，将来我浑身是嘴都说不清了。

田单

要是燕昭王不死，我还真没什么办法。燕惠王即位后，那些在燕国改革过程中被打击的守旧派重获生机，趁机要搞臭乐毅。做太子时燕惠王对你敢怒不敢言，现在即位为君，恐怕就要收拾你了，我再放点谣言过去，乐毅，你后背不冷吗？

乐毅

真被田单这小子说中了。燕惠王在田单的谣言和守旧派的鼓捣下，真的把我赶下了台，让骑劫取代我，我害怕被杀而不敢回燕国，只好回到故国赵国。

田单

这就是反间计。乐毅一走，我还怕什么？也该我的火牛阵上场显神威了。

诸葛亮

要是乐毅在，你的火牛阵威风不起来！

触子

现在想想，乐毅这次破齐的军事行动便宜了谁？燕国吗？燕国这场意图以蛇吞象、以弱灭强的战争，终以损失惨重、徒劳无功告终；齐国吗？齐国虽然侥幸复国，但元气大伤。到底便宜了谁呢？

乐毅

现在看来，是便宜秦国了。燕齐大战这些年，秦将白起攻破楚都郢，楚王被迫迁都，洞庭湖以北全部归入秦国版图。秦国从此成为天下唯一的超级大国，是这一系列战争的最大赢家。反观灭齐之战，合燕昭王、秦昭王、赵惠文王、孟尝君、苏秦、魏冉等无数精英之心力，去围攻齐国一国，正称了秦国的心意。这场战争，无论胜败，秦国都是获益的。我不过是为秦国作嫁衣裳。

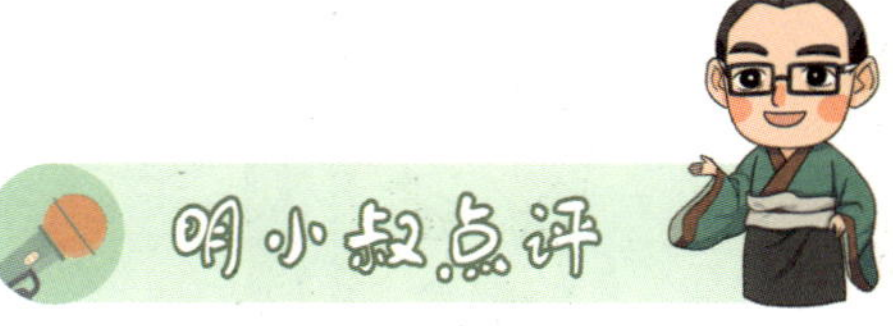

乐毅攻齐，战绩辉煌，却为秦作了嫁衣裳，偷着笑的，恐怕只有秦昭王了。秦之胜也，不单是秦国强大，而在于六国的自毁行为。秦国东出，对六国虎视眈眈，六国却上演各种宫斗、内耗大剧，实在是助秦成功。

小剧场

我就是你的命中克星。克星，懂不懂？专门克你的！

你把我的如意算盘全给搞乱了。

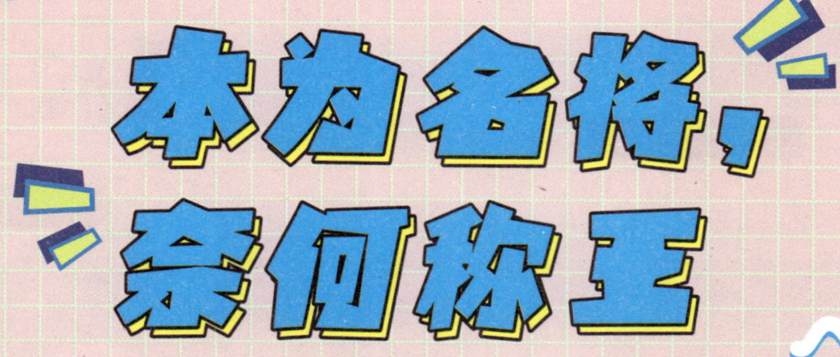

姓　　名：	项羽
生　　卒：	前 232 —前 202 年
出 生 地：	今江苏省宿迁市
民族族群：	华夏族
朝　　代：	秦朝→西楚
职　　业：	将军、政治家、军事家
大 事 记：	灭秦、楚汉相争、乌江自刎

进入会场

好好领兵打仗不好吗？！

大王……我来了。

对对对，您多劝着他点。

大将军！刘邦就是个小人，您何必跟他一般见识。

更多直播间 >

楚汉风云，刘邦胜而项羽败。后世多为项羽惋惜，一则他能征惯战，败于刘邦实在可惜；二则他有英雄气概，若肯回江东整顿兵马，再争天下，胜负未可知。其实，胜败早定，项羽打仗可以，玩政治绝非刘邦的对手，如何不败？对此，项羽最有发言权。有请本尊！

参加此次大会的还有刘邦、虞姬、范增、乌江亭长。

刘　　邦：西汉建立者
虞　　姬：项羽的侍妾
范　　增：项羽的谋士
乌江亭长：乌江的地方官

项羽

大家好，我就是西楚霸王项羽，乃楚国贵族项燕之孙。项家跟秦国有不共戴天之仇，因为秦军伐楚，我的祖父兵败而亡。秦国统一六国，传二世而亡。秦失其鹿，天下共逐之。陈胜、吴广揭竿而起，很快覆灭。我的叔父项梁听从谋士范增的建议，拥立楚怀王之孙熊心，起兵反秦。叔父战死后，我接过义旗，继续领导起义军，范增仍为谋士。

范增

没人比我更了解项羽，他这个人打仗不输白起，在战场上号称“万人敌”，放眼天下，也找不出一个对手。这样的人，让他好好打仗就好了，偏偏命运弄人，让他当上了西楚霸王。一个领兵作战的将领玩起了权谋、策略，这不是赶鸭子上架吗？

项羽

不是还有您吗？

范增

可是，你听我的吗？

刘邦

霸王不是吹的，虽然最后我胜出了，可说句实话，我是真怕了这个西楚霸王。他在巨鹿跟秦军大战，破釜沉舟，获得大胜，坑杀了秦卒二十万人，一举奠定了胜利之基。

范增

这个时候他就应该学学你，考虑一下接管秦政权以后的事，可他打上瘾了，带着兵马四处扫荡，是把秦军打怕了，可也让你坐大了。我这么说，你没意见吧？老刘。

刘邦

没意见，项羽但凡能听您一句话，也不至于落得乌江自刎的下场。

项羽

刘邦是个伪君子，我才不学他呢。他入咸阳，不取珍宝，而是让萧何把朝廷的各种资料搜集起来，早就起了反心，还用约法三章收买人心，以为我不知道吗？

刘邦

冤枉啊，咱们曾经约定，先入咸阳者为王。我先入咸阳，理应为王，你为何横竖不同意？还说我是小人！

项羽

你难道不是吗？天下苦秦久矣，你攻破咸阳，就该给天下人出气。你呢，不但不杀秦王子婴，反而讨好关中父老，这不是明着跟我唱反调吗？

范增

难道这就是你入咸阳后杀死子婴、焚烧宫室的原因？刘邦收买人心，你为什么不收买？天下难道是唾手可得的吗？秦朝的孤老遗民难道不需要安抚吗？你都杀了，天下人也会寒心的，这么简单的道理你都不懂？

项羽

我最烦您这个腔调了，范增。您不要以为自己资格老，就可以对我指手画脚的，惹恼了我，我一样不给面子。

范增

这个本事你是有的，鸿门宴上你不就展示过吗？

项羽

咱们不是说好了嘛，不翻旧账！

刘邦

鸿门宴的事，我到现在还心有余悸，要是当时西楚霸王心一横，真把我杀死，哪还有后来的楚汉争霸的事？

范增

没有楚汉争霸，也会有楚吴争霸、楚齐争霸……这是由项羽的性格决定的，他这种人不适合搞政治，只知道逞一时之勇。你说你逞勇斗狠也就罢了，关键时刻还有妇人之仁。如此若不败，真是连天理都没有了。

项羽

做人要有底线，我不像某些人，一点底线都没有。我要把他父亲煮汤喝，他却要分一杯羹；我去追打他，他竟然把儿女踹下车；我让他跟我决一死战，他却当缩头乌龟……

刘邦

你这是说我呢吧？你一介武夫，懂个甚！我心里装的是天下，怎么会跟你计较一时的得失，更不会跟你赌气斗狠！

项羽

你不要得寸进尺！

范增

竖子，你知道吗，你有三大失，所以败于刘邦之手。

项羽

哪三大失？说来听听。

范增

第一失，你灭了秦军主力后，在不思考后续方略的前提下，就搞分封诸侯那一套，俨然把自己视为天下共主。但你完全没注意到一个细节。

项羽

什么细节？我看什么细节？挡我者死，强秦我都灭了，还在乎这些个破烂诸侯吗？

范增

这个细节就是刘邦入函谷关前贪财好色，入关后却不取财物女人，军纪严明，秋毫无犯。这难道不能说明问题吗？可惜，你对此视而不见。你一口气分封了十八路诸侯，埋下了各主一方的割裂隐患，你这是想要一统天下的节奏吗？

项羽

我一个一个灭了他们！

范增

第二失，你暗杀义帝，背负天下骂名，而刘邦为义帝发丧，赚足了人心。

项羽

他那是假装慈悲！

刘邦

你说对了，义帝死不死跟我有什么关系，可是我一给他发丧，天下人都归心于我，你的名声就臭了。

项羽

臭了又能怎样，有本事打一仗！

刘邦

我打不过你！

范增

第三失，彭城之战，刘邦大败，汉兵死伤十几万，元气大伤，你就该乘胜追击，活捉刘邦。可你有妇人之仁，竟然跟刘邦议和，约定鸿沟为界。

项羽

您就是这次议和前被气死的。

范增

你竟然怀疑我跟刘邦有勾连，我能不气吗？我这一条老命都搭给你们项家了，最后还落一个不信任，我还有什么好说的？

刘邦

你说得够多的了，现在看来，人家说项羽有范增而不能用，故而失败，是非常中肯的。你这样的谋士给我来一打，我也不嫌多啊。

项羽

我也有些后悔，听范增这么一说，成功也多次向我招手，是我没有抓住而已。

范增

你抓住了什么？除了一个虞姬，你什么都没有！

虞姬

有我不就足够了吗？“自从我随大王东征西战，受风霜与劳碌，年复年年。恨只恨无道秦把生灵涂炭，只害得众百姓困苦颠连。”

项羽

“枪挑了汉营中数员上将，纵英勇怎提防十面埋藏；传将令休出兵各归营帐。”

虞姬

“大王！”

项羽

“此一番连累你多受惊慌。唉！”

虞姬

“啊，大王，今日出战，胜负如何？”

项羽

“唉！枪挑汉营数员上将，怎奈敌众我寡，难以取胜。此乃天亡我楚，唉！非战之罪也。”

刘邦

拉倒吧，你们跟我唱京剧《霸王别姬》呢？

范增

项羽要是听我一句，也不至于四面楚歌，乌江自刎！

乌江亭长

项羽真是个大将军、大英雄。他自刎的时候，我在现场，我敬他是个汉子、英雄，就劝他回江东去，再整顿兵马，东山再起，胜负未可知啊！刘邦小人也，一时得胜算不得什么。江东父老都仰慕项羽的大名，一定供他驱驰，何必自寻短见呢？

项羽

我哪里还有脸去见江东父老？鼎盛的时候，我手中握有几十万雄兵，攻无不克，战无不胜，如今兵败垓下，只有区区二十几人相从。我的脸怎么那么大呢，还东山再起，羞也羞死了。

范增

项羽这个人，本为名将，奈何称王，他根本就不是玩政治的料！他把能打仗跟会谋略权术等同，实在是悲哀。

要是没有政治上的高屋建瓴，军事实力再硬，最终也只能是打败仗，这种失败或许不是损兵折将，而是失掉整个天下的人心。项羽就是最鲜活的案例。看他一路走来，场场都是胜仗，可偏偏坑秦卒、烧秦宫、杀子婴、诛义帝，步步都是败棋，方知我言不虚。

小剧场

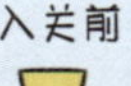

入关前

入关后

我这么说，你没意见吧?
没意见……

刘邦你这个伪君子！！！

假如古代名将能吐槽……

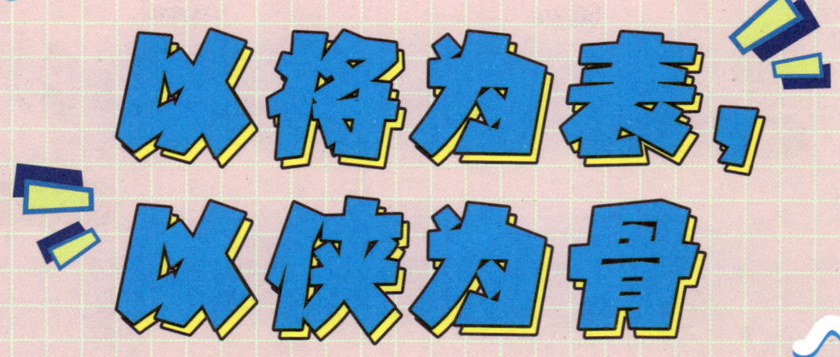

姓名：	季布
生卒：	不详
出生地：	今湖南省、湖北省附近
民族族群：	汉族
朝代：	西楚→西汉
职业：	侠客、将军、官吏
大事记：	助项羽灭秦、劝止吕后发兵匈奴

进入会场

就是你，煮我老父就是你的主意。

投我！投我！投我！

既然大家管我叫侠客，那救人一命，本是应该做的。

啥事没有，无非是皇上使性子。

季布

吐槽榜 007 名 >

更多直播间 >

季布为人仗义，好打抱不平，以信守诺言、讲信用而著称，堪称一个“侠”字。世人皆称，“得黄金百斤，不如得季布一诺”。“一诺千金”这个成语就是从这里来的。他先归项羽，后辅刘邦，立下赫赫战功，成为侠名与将名并重的杰出人物。有请季布，为我们讲述他的传奇经历！

参加此次大会的还有项羽、刘邦、夏侯婴、朱家。

历史③太好玩了

项　羽：西楚霸王，秦朝的掘墓人
刘　邦：西汉的建立者
夏侯婴：西汉开国功臣
朱　家：秦汉之际的游侠

季布

大家好，我就是“一诺千金”的季布，楚国人。我把诺言看得比生命还重要，要么不答应别人，答应了别人就一定要做到。秦朝无道，项羽起兵。我心里非常振奋，就去参加项羽的起义军。

项羽

季布乃天下猛士，能来投我，如虎添翼！

季布

将军，季布想留在军中，不知将军可否成全？

项羽

如你不觉得屈就，我是热烈欢迎啊！

季布

但我有一个要求，我不做普通的士兵！

项羽

即使你想做士兵，我也不让你做。你就做我的副将吧，但是恐怕有人不服。

季布

季布在此，谁人不服？

项羽

有猛士想与季布比试，结果三两个回合就被季布打趴下了。季布让那些不服的人一起上，结果那些人也被打得七零八落，趴在地上起不来了。

季布

我的武艺可不是吹的！

项羽

我让季布为将，在接下来的几次战役中，他身先士卒，立下了汗马功劳。

刘邦

楚汉相争期间，汉军吃尽苦头，很多都是季布这个家伙造成的。他简直就是汉军的克星。

季布

项羽太优柔寡断，不听我言，有范增而不用，最终乌江自刎。可是我对他还是有感情的，他自杀后，我伤心了一阵子，之后怕刘邦报复我，开始亡命天涯。

刘邦

这个季布，到底是何方神圣？项羽都死了，他凭什么还活着？即使他逃到天涯海角，我也要把他抓住，除非他能上天入地。我说到做到，如果谁敢窝藏他，我就灭他三族。

季布

好在天无绝人之路，濮阳的一户姓周的人家素来仰慕我，冒着被灭族的危险收留了我。他有个朋友叫朱家，是举世闻名的大侠客，他让我去给朱家做帮佣，以躲避刘邦的追杀。

朱家

大家好，人们都管我叫侠客，其实是抬举我，我不过是喜欢帮助人而已。我早就听说过季布的大名，乃是西楚的猛将。我救他一命，原是应该的。

季布

朱家这个人对朋友绝对够意思，他自己每餐只吃一个菜，给我却安排了酒肉。

朱家

季布绝非久居人下之人，为了能早点让他走出低谷，我找到了我的好朋友汝阴侯夏侯婴。夏侯婴绝非寻常人物，他既是刘邦的老乡，又是大汉的开国功臣，在刘邦面前说话很有分量。

夏侯婴

据我了解，季布也没犯什么大罪，不过是楚汉相争时，作为项羽的部下，他好几次使皇上陷入困境，如今皇上要捉拿他，不过是想出一口恶气罢了。

朱家

不瞒您说，我就是为季布的事情而来。季布如果不能为大汉所用，真是太可惜了！季布重诺，行侠仗义，在老百姓中有口皆碑。他打仗勇猛，士兵们没有不服他的。他好几次把皇上打退，正说明他有很强的作战能力。季布忠于项羽，并没有错。臣下难道不该忠于主公吗？在楚则专心事楚，在汉则专心事汉。这叫心无二意。杀掉他岂不是自毁长城？倘若他跑去投降匈奴，不就相当于资助敌国吗？如果皇上仅为了出一口恶气而迫害季布这样的豪杰，那么天下的贤能，又有谁愿意来投靠、尊崇皇上并辅佐他的千秋帝业呢？

夏侯婴

壮哉！我一定想方设法让皇上赦免季布！

刘邦

我差点儿失去了一位优秀的将军！

季布

就这样，我结束了流亡生涯，成为大汉朝的一名将军。事后，我想报答朱大侠，多次到他的府上拜谢。可他都避而不见。朱家让我见识了什么才是真正的大侠！

夏侯婴

高皇帝去世后，朝中大事皆由吕后乾纲独断。匈奴自白登之围后，无比嚣张。高皇帝一死，他们以为大汉朝气数已尽，写来一封调戏吕后的信，扬言要娶吕后，免得她孤独寂寞。吕后恼羞成怒，立即召开朝会，商议对策。老将樊哙逢迎上意，声称给他十万兵，去扫荡匈奴。众大臣明知道樊哙说的是大话，大汉朝的军事实力还无法与匈奴抗衡，但没有一个大臣敢站出来提出反对意见，唯有季布讲了真话。

季布

樊哙除了趋炎附势，还会什么？他说率领十万大军横扫

匈奴，可是，哪里有十万大军给他？即使有十万大军，他凭什么横扫匈奴？当初，高皇帝率兵四十几万，尚且被困在白登七天七夜，难道他比高皇帝还厉害吗？昔日，秦朝不休养生息，屡次与匈奴开战，耗费了大量的财力物力，导致国库空虚、民怨沸腾，最终迅速瓦解。这样的教训难道不该吸取吗？现在，大汉朝建立不久，战争遗留下来的问题还没有解决，樊哙不考虑实际情况，夸下海口，冒天下之大不韪，这哪是为大汉朝着想，简直是在动摇大汉朝的根本！高皇帝在九泉之下也不会同意这么做的！

夏侯婴

季布真是敢说话。他凭借大无畏的勇气和审时度势的智慧挽救了大汉朝的一次军事危机。试想，如果吕后真的对匈奴用兵，而且任命樊哙为主帅的话，后果不堪设想。

季布

吕后对我也绝对够意思，她或直接或间接杀了那么多功臣，我却安然无恙，不得不说她对我还是另眼看待的。

季布以将为表，以侠为骨，身事两主，却没有落下不忠的恶名。在汉初清除功臣的运动中，他能够保全自身，不能不说是侠义精神在呵护着他。

放心吧，我一定让皇上赦免他。

我差点损失一名爱将！

无论如何选，结局已注定

姓　　名：韩信
生　　卒：约前 231 —前 196 年
出 生 地：今江苏省淮安市
民族族群：汉族
朝　　代：秦朝→西汉
职　　业：大将军、丞相、军事家
大 事 记：灭项羽、协助刘邦建立西汉

进入会场

你逃不出我的手掌心。

对对对，你功劳最大！

我也想往上争一争，惹着谁了？

韩信

吐槽榜 008 名 >

更多直播间 >

韩信出身低微，战功赫赫，协助刘邦建立了西汉。在汉初一系列清除功臣的运动中，他也未能幸免。有人说“狡兔死，走狗烹”，真的是这样吗？真的是因为韩信居功自傲、功高震主吗？其实，韩信谋不谋反，都会被杀死，可惜他不懂这个真相。有请本尊！

参加此次大会的还有刘邦、吕后、张良、萧何。

刘邦：西汉的建立者

吕后：刘邦的正妻

张良：西汉开国功臣，汉初三杰之一

萧何：西汉开国功臣，宰相，汉初三杰之一

韩信

大家好，我就是韩信。关于我的一生，早有人帮我总结了两句话、十个字。“生死一知己，存亡两妇人。”在此，我要向说了这句话的人献上我的膝盖。这十个字，高度凝练了我的一生！我服。

萧何

大家好，我是萧何。我就是“生死一知己”里的那个知己。

韩信

我还是先说“两妇人”吧。

萧何

真不给面子。

韩信

两妇人，一是指漂母，存我；二是指吕后，亡我。我少年时无所作为，常常吃了上顿没下顿，母亲死了都无钱安葬。有一次为了填饱肚子，我在河边钓鱼。钓了半天，连条小鱼都没看见，可是肚子饿得咕咕叫。幸亏有个正在河里漂洗衣物的老婆婆，见我可怜，就把带的饭给我吃了。我一顿狼吞虎咽，总算没饿死。接下来十多天，我都吃老婆婆带来的饭。我对老婆婆说："我一定会重重地报答您老人家。"没想到老婆婆非常生气地说："我是可怜你才给你饭吃，难道是希望你报答吗？"说得我脸上一阵发烧。这就是"漂母，存我"。

刘邦

你的脸还会发烧？你要是为你少年时代做的那些龌龊的事都发烧的话，你的脸估计早毁容了。

韩信

唉，还有让我更发烧的。想当年，淮阴屠户中有个年轻人侮辱我，让我从他的胯下爬过去，否则就是个胆小鬼，还让我当场拿剑刺死他。我一看这个人是个疯子，十分不可理喻，于是……

刘邦

于是，你就从他裆下爬了过去。哈哈哈……

萧何

这是能伸能屈，大丈夫也！

韩信

知我者，萧何也。我长大后，投到项梁军中，归于项羽麾下。项羽被人吹得神乎其神，其实打仗一般，尤其是他这个人，只会逞匹夫之勇，还有妇人之仁，我多次给他献言献计，都被他拒绝了。他是真的瞧不起我。

萧何

你对项羽的评价我给你点赞！说得太对了。

刘邦

韩信，项羽在地下向你问好！

韩信

我才不怕他呢。我早就看出来，他成不了事的。所以才有了我的离楚归汉。

刘邦

你有眼光！

韩信

谁想得到，刚开始刘邦也瞧不起我，只让我做个管理仓库的小官。我天天混日子。那段时光真是无趣。

萧何

你不是认识了我吗？你忘了我们时常交谈？

韩信

我能忘吗？没有你，怎么会有我的宏图大展呢！

萧何

我觉得韩信看仓库太屈才了，怎么也能指挥雄兵百万。当时汉王不重用他，他就跑了。我一看，这可是严重的人才流失，于是急忙去追。没想到，有人反而污蔑我逃跑了。

刘邦

你为啥逃跑，我亏待你了？

萧何

我是去追一个逃跑的人！

刘邦

我就纳闷了，什么人值得你亲自去追？

萧何

韩信！你要是想做汉王，韩信追不追无所谓；如果你想夺取天下，没有韩信，我可以直截了当地告诉你——没戏！

刘邦

萧何这么说，一定有他的道理，而且我绝不甘于做个小小的汉中王。我看在萧何的面子上，打算封韩信为将军。

萧何

快拉倒吧，将军之位配不上韩信的军事才能，你往高里封！

刘邦

难道要封韩信做大将军吗？

萧何

也只有这个了，在你这里，大将军算封顶了！

韩信

这就叫“生，一知己”，也叫成也萧何。

萧何

我多希望没有后面的败也萧何啊！

韩信

那是后话，咱暂且不提。且说汉王登台拜将，让我当上了大将军。说实话，我心里还是充满了感激的，虽然刘邦这个人有点不尊重人，但对我还是表达了起码的尊敬。我的回报也很大，那些年，还定三秦，俘虏魏王，破赵灭代，东进灭齐，垓下决战，逼死项羽……我的功劳可比张良大多了吧。

张良

你的功劳是大，可功劳大就是好事吗？你的功劳越大，你的死期越近！

韩信

我后来反思，觉得你说的话非常有道理，难怪你能功成身退，逍遥自在。当时我还不理解，现在我终于明白了。我好想跟你一起去逍遥快活啊，可惜世上没有卖后悔药的。

刘邦

你逃不出我的手掌心，只要大汉还姓刘，我就不可能让你活着！

吕后

坚决同意！

萧何

这两口子心够黑的！

张良

你也有份！

韩信

我真傻啊，其实事情早在灭项羽的时候就出现了端倪。楚汉战争接近尾声，我掌管三齐七十多座城池，手握十几万重兵，我还幻想着跟项羽、刘邦三分天下。项羽派说客武涉来我营中，说楚汉胜败取决于我，我帮刘邦则刘邦胜，我帮项羽则项羽胜。如果项羽败了，刘邦下一个收拾的就是我。我一听有道理，因为刘邦这个人反复无常，不可信任。但我对项羽更没好感，想当初我对他献言献计，他根本视我如空气，现在沦落到危急之秋才想起我来，我才不会帮他呢。

刘邦

算你小子有良心！

韩信

可你也不是好人。你最好侮辱人，且没常性。我正犹豫不决时，范阳名士蒯通来访。他告诉我一个基本事实：“你韩信的功劳已经大到没什么可以赏赐的了，你韩信的威望已经盖过了刘邦，天下之大，谁能容得了你韩信做一个臣子呢？”总而言之一句话，我的处境很尴尬。蒯通建议我自立为王。说实话，对于蒯通的建议我真动心了。他说得一点都不错，如果我不自立为王，将来无论是项羽还是刘邦胜出，我作为他们的臣下，都不好受。最后，权衡再三，我只好管刘邦要个代理齐王来缓冲。代理齐王的言外之意是，等战争胜利了，我要做个真齐王。

张良

幼稚！项羽都被灭了，哪还会有你这个真齐王！

韩信

我寻思着，刘邦总不会像项羽那样把诸侯都灭掉吧。

张良

难道他能容得下你吗？

吕后

嘿嘿，就算刘邦会容得下你，我会容得下你吗？

韩信

我就想做个齐王怎么了？又不是跟你们争天下！

刘邦

你要是跟我争天下，我又打不过你，我怎么办？

张良

所以，让你做齐王是假的，其实是想让你死。

吕后

你不死，我们的位置坐不稳啊，我的儿子刘盈，刘盈的儿子、孙子，都坐不稳。

刘邦

韩信，你了解了吧！你所说的“狡兔死，走狗烹；飞鸟尽，良弓藏”这一类的话，都是你欲图自立的遮掩，都是我必置你于死地的烘托。

韩信

说到死，我的知己萧何又该上场了。我的死就是“死，一知己”——萧何配合，“亡，一妇人”——吕后完成。死亡组合，令人胆寒。

萧何

刘邦胜出后，韩信不但没升官，反被贬为淮阴侯，心中大为怨恨。他耻于跟周勃、灌婴等人同列，心中渐渐不平。

刘邦

有一次我跟韩信聊天，问他我可以带多少兵，他想都没想就说十万。我说你呢，他扬扬自得地说，多多益善！这样的人要是留着，不是给大汉埋下一颗地雷吗？

吕后

我不会让他活着的，我一定要想办法清除他。

萧何

巨鹿郡守陈豨造反，刘邦亲自领兵平乱。韩信的一位家臣的弟弟上书告发韩信谋反。吕后打算把韩信召来，又怕他不肯就范，就让我去骗韩信进宫，说陈豨已被刘邦俘获，群臣都要进宫祝贺。韩信一到，吕后命令武士把韩信捆起来，在长乐宫的钟室杀掉了。我得罪不起她啊，只能听命行事了。

韩信

我真后悔没有采纳蒯通的计谋，以致被你们欺骗！

刘邦

我平叛回来，听说吕后已经铲除了韩信，心中又高兴又怜悯。韩信这个人，打仗真是没的说，项羽也不如他，但正如刀剑一样，能伤人也能自伤，我可不能让他伤害到我，伤害到我的大汉！

萧何

我为了我自己能善终，而搞得韩信不能善终，我有罪。

张良

韩信命该如此，蒯通早有断言，只不过他自己犹豫不决而已。不过，他还有个巨大的贡献，那就是为后世留下了太多的成语，比如胯下之辱、一饭千金、国士无双；战无不胜、略不世出、居常鞅鞅，还有背水一战、置之死地而后生、独当一面、十面埋伏、功高震主、金石之交；推陈出新、解衣推食、妇人之仁、人心难测、拔旗易帜……

韩信有没有反心，并不重要；重要的是，刘邦必然要杀他。刘邦重用他，是因为他战无不胜的才能；杀死他，也是因为这个才能。故老子曰："功遂身退，天之道也。"吾观天下不知退者，无不败！

< 发现 朋友圈 

韩信

现在想起我了，早干什么去了?

× × 年 删除 •••

刘邦

要么说，还是你有良心呢。

萧何

唉，你还是太年轻。

张良

我仿佛看到了结局。

功劳大 使得我崩溃

姓　　名：周勃
生　　卒：？—前 169 年
出 生 地：今江苏省丰县
民族族群：汉族
朝　　代：秦朝→西汉
职　　业：将军、丞相、军事家、政治家
大 事 记：助刘邦建西汉、平灭诸吕、辅佐文帝

进入会场

周勃

吐槽榜 009 名 >

更多直播间 >

周勃有安刘之功，指的是他能在刘邦死后铲除诸吕，辅佐文帝，保证了汉室的血统延续。即使有这样天大的功劳，让他两度为相，但他也备尝艰辛，不但终日战战兢兢，而且数度汗流浃背。背后的辛酸苦楚，恐怕只有本尊心里最清楚。有请周勃一吐为快！

参加此次大会的还有刘邦、吕后、陈平。

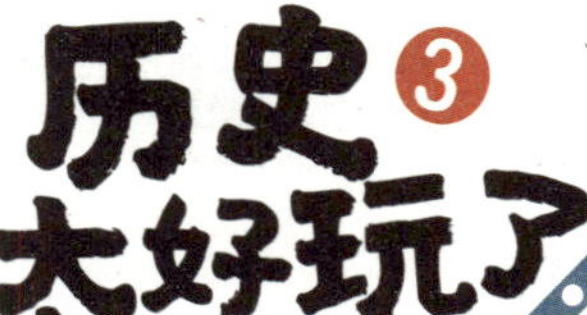

刘　邦：西汉建立者

吕　后：刘邦的老婆

陈　平：西汉开国功臣，宰相

周勃

大家好，我是周勃。今天来到大会的现场，我也不用有啥负担了，有一说一，有二说二。我出身卑微，以前不过是一个小混混，没有固定的收入。可我布织得不错，箫吹得好，生活还勉勉强强过得去。我的力气很大，可以拉开强弓。但我从未想过自己有一天会成为将军。

刘邦

老乡，不想当将军的吹箫手不是个好纺织工。你莫急，我正在努力组建自己的势力呢。

周勃

刘三，你害苦我了。老乡都跟着你打仗去了，没人再找我织布、吹箫，这直接导致我失业。索性我也跟你打仗去得了。对了，当时刘邦还没当上皇帝，我们都称呼他刘三。

刘邦

私下里叫叫也就行了，以后当着众人面可别这么叫！打仗需要人手，你能来我当然欢迎。况且你肌肉结实、人高马大，当我保镖好了。

周勃

什么官我不在乎，有口吃的就行。

刘邦

我以前以为周勃这小子只会织布、吹箫呢，没想到仗打得还可以。而且你善于冲锋，是全军的骄子。我一句话，你就是我的五大夫啦。

周勃

有权真了不起，想封我啥官就封我啥官。既然跟我铁，我给你卖血。在灭秦的战争中，我带兵攻破武关，进军咸阳。刘邦为汉王后，封我为威武侯。楚汉之争，我焚烧楚军物资，为汉军的胜出贡献了关键的力量。项羽自杀后，刘邦称帝。燕王臧荼不服，起兵反叛，刘邦亲自带兵征伐，我作为将军随从前往，活捉了臧荼。因此我被封为绛侯，食邑八千多户。

刘邦

这是你应得的！我永远忘不了，我亲征匈奴，被围在白登几昼夜不得解脱，大寒之中，汉军冻死十分之三。幸亏周勃及时救驾，解了白登之围，我才得以活命。回到长安，我加封他为太尉，成为大汉最高军事长官。

周勃

刘邦待我真是不错，他诛杀了那么多功臣，却没对我动手。

刘邦

你这个人，憨厚刚正，绝不会谋反。

吕后

陛下快咽气的时候，我曾问他后事如何安排。

陈平

高祖说，萧何死后让曹参接替丞相，王陵可在曹参之后接替且以陈平为辅，周勃做太尉。高祖还特意强调，周勃虽然文化不高，但是稳重厚道，将来安定刘家天下的必定是他。

吕后

朝中大将和陛下都是结拜兄弟。如今陛下不在了，如果让他们辅佐我儿子，他们能甘心吗？不把这些功臣除掉，大汉是没法安定的。尤其是我那个儿子刘盈太窝囊了，我不替他把把关，大汉朝还不得乱套？

周勃

吕后为了专权，要大封诸吕为王。丞相王陵反对，理由是高祖曾宰杀白马发誓，非刘氏不得封王，非有功不得封侯！可吕后非得封诸吕不可。我看这么僵持下去也不好，只得按照兵法来，将欲取之，必先予之。我跟陈平说，现在太后临朝执政，分封自己的家人为王，没什么不可。这么一来，吕后高兴了，王陵却责备我没有底线，对不起高祖。

陈平

我告诉王陵，当面在朝廷上和太后争论，我们不如您；将来保全刘家江山，您却不如我们！接着，王陵罢相，吕后陆续把她的内侄、侄孙封了王，其中吕产为梁王、吕禄为赵王，掌握了大汉的军权。她还不忘迫害刘姓诸王，高祖的八个儿子，被她害死三个。

周勃

对于吕后的行径，宗室、大臣敢怒不敢言。我过生日的时候，陈平跟我谋诛诸吕，我当即拍板同意。高祖有个孙子——朱虚侯刘章，一心想为刘氏出头。吕后一死，吕禄、吕产两人遵从其遗嘱，暗中加紧篡权。朱虚侯从妻子那里得知吕家的阴谋，派人让他老哥齐王刘襄发兵。我跟陈平也打算先发制人。可惜我俩都被架空了，没有军权，干不成事啊。你说急不急！

陈平

曲周侯郦商的儿子郦寄跟吕禄交情甚深，我就派人极力说服郦寄劝诱吕禄交出兵权。没想到天遂人愿，吕禄竟然被郦寄说服了，答应交出兵权。

周勃

我拿到兵权，立刻部署诛杀诸吕。我亲往北营，下达命令："现在吕氏要篡权，我奉命接掌北军。愿意拥护吕家者袒露右臂，愿意拥护刘家者袒露左臂。我绝对会尊重你们的选择，绝不勉强。"北军的将士们本来就不满吕家夺权的行为，听到我的命令，全都表示愿意维护刘家的天下。我心里一下就有底了。

陈平

这时候，周勃派遣朱虚侯入宫护帝。朱虚侯从侧门进入未央宫，看到吕产在殿门外叫嚣。他们在宫门前厮杀起来。吕产在乱战中逃跑。朱虚侯在郎中府里的一个茅厕找到了吕产，二话不说，一刀结果了他。吕产是诸吕的首脑，杀死了他，其他人不足为患。诛灭诸吕后，我跟周勃策划了迎接代王入继大统，也就是后来的汉文帝。

周勃

按理说，文帝也算是我扶上去的，怎么也该对我好一点。可是没想到，他不知从哪来那么一股邪火，动不动吓得我汗流浃背。

陈平

哈哈哈。文帝让你为相，你不知道自己该干什么，整天无所事事，不汗流浃背才怪呢。

周勃

让我织布、吹箫可以，打仗也行，管理政务就玩不转了。我辞职总行了吧。可你又翘了辫子。没办法，文帝又让我干，这不是赶鸭子上架吗？可能文帝也觉得我不是那块料，不久就找个理由让我回封地了。回到封地，想起初任文帝丞相时有人提醒我："你杀了吕氏家族，又立代王为帝，威震天下。你受到丰厚的赏赐，处在尊贵的地位。要防备功高震主啊。"这些话让我如坐针毡，如芒在背。我哪敢有那样的想法啊，可是我拦不住文帝这么想啊。当有官员来绛县巡视的时候，我总感觉是来抓我的，我浑身紧张，非得身披铠甲手持兵器不可，没想到竟被人诬告为谋反，被下了大狱。在监狱里，狱吏折磨我，想屈打成招。这帮黑心的狱吏手段太狠毒了，差点要了我的老命。后来，我的事传到长安，多亏了文帝的母亲薄太后给我讲情，我才避免了牢狱之灾。命苦啊！

明小叔点评

自古天心真难测，伴君如同伴虎狼。周勃当年干掉了外戚吕氏，后来却要靠外戚薄氏求情来活命，不得不说这是一种讽刺。汉朝的外戚如同牛皮癣，终两汉四百余年，演为痼疾，一朝为之沉沦，不亦哀乎！

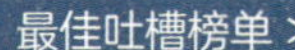

周勃

 ××年

求给条生路吧……

 3 **喜欢** 2 **评论**

刘邦

老乡，你怎么了？

陈平

你……你得振作起来。

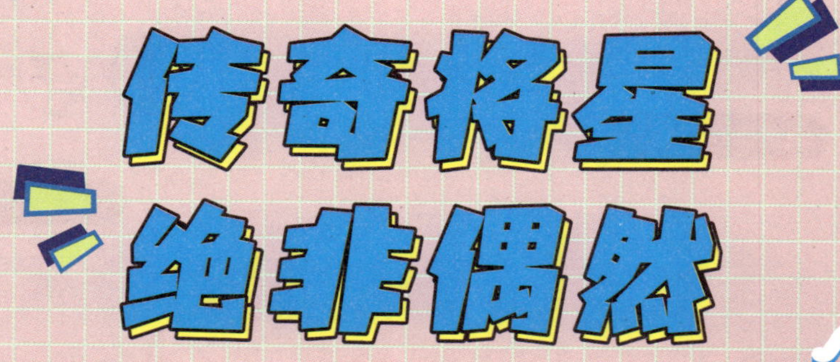

姓　　名：霍去病
生　　卒：前 140—前 117 年
出 生 地：今山西省临汾市南
民族族群：汉族
朝　　代：西汉
职　　业：将军、军事家
大 事 记：驱逐匈奴、封狼居胥

进入会场

并没有，你想多了。

都是你，都是你，姨妈她……

别吵吵了，都来看我的诗。

听说有人对我的姓氏感兴趣？

霍去病

吐槽榜 010 名 >

更多直播间 >

霍去病，一个充满青春朝气、阳刚勇武和热血传奇的名字。当我们打开已经泛黄的史书，轻轻拨去历史的迷雾，我们看到的是一个少年在惊天动地的战场上演绎着他的青春与热血、梦想与辉煌。有请霍去病，让他为我们讲述他的传奇！

参加此次大会的还有汉武帝、卫青、霍光、李白。

汉武帝：西汉第 7 任皇帝
卫　青：汉武帝时期抵抗匈奴的名将
霍　光：霍去病异母弟，西汉权臣
李　白：唐朝的大诗人，号称“诗仙”

霍去病

大家好，我就是霍去病。我也不怕大家笑话，我其实是个私生子。私生子并不丢人，我舅舅卫青也是私生子。

卫青

外甥，你这么揭舅舅的短真的好吗？不过，也没啥，我的父亲本姓郑，我是随母亲姓卫的。

霍去病

我怎么没随母亲姓卫，要不然我就叫卫去病了。

卫青

你真应该姓卫，你父亲霍仲孺嫌弃你母亲身份卑微，生下你就抛弃了她，跑回老家去又给你生了个弟弟，就是霍光那小子。

霍去病

这么说，我还有个弟弟了！我将来一定要找到他。

卫青

你小子来历不小，生你那年，正是汉武帝即位的那一年。

汉武帝

没想到，我一即位，“战神”就降生了，匈奴的好日子快到头了。

霍去病

我记得那时候我跟舅舅都生活在平阳公主的府上，姨妈卫子夫天生有副好嗓子，天天唱歌给我们听。舅舅卫青给平阳公主做保镖。

卫青

其实，我们一家子都是平阳公主的家奴。多亏了你的姨妈卫子夫，咱们才能平步青云。

汉武帝

我的姑妈长公主刘嫖给我安排了一桩婚事，让我娶她的女儿，也就是我的表姐陈阿娇。我拗不过我的奶奶窦太后，只得跟陈阿娇结婚。婚后，陈阿娇经常跟我吵架，我很生气，也很郁闷。有一天，我到平阳公主那里做客，看上了貌美如花的卫子夫，就把她带入宫。

霍去病

卫氏家族的命运一夜之间彻底改变。

卫青

那年你才三岁，就记得这么多事了？后来有一年，匈奴南下进犯上谷，武帝任命我为车骑将军，率领三万余骑兵兵出上谷，迎击匈奴。

汉武帝

是啊，从此攻守易势了，寇可往，吾亦可往！

卫青

我跟匈奴打仗，运气很好，接连打了几个大胜仗。

霍去病

在舅舅的影响下，我从小就萌生了驰马北疆的志向。年满十八岁后，我去找武帝，也就是我的姨父，请他允许我上战场。

汉武帝

霍去病这小子让我眼前一亮，我佩服他为国出力的志向和勇气，封他为骠姚校尉，拨给他八百勇士，让他随卫青出塞作战。

霍去病

漠南之战，我没有任何实战经验，全凭倭瓜大的一颗胆子，带领八百勇士脱离大军，深入行军几百里，搜寻匈奴大军的主力。面对茫茫大漠和随时可能到来的战事，我的心里别提多激动了。

卫青

我这个傻外甥不知在大漠里走了几百里路，有一天黄昏，他忽然发现远处有一片黑点。他判断那是匈奴的营帐，于是他和他的八百勇士以迅雷不及掩耳之势掩杀过去，杀得匈奴兵四散逃窜。漠南之战，他以独创的长途奔袭战术共斩杀匈奴兵两千余人，并杀死了匈奴单于的祖父，活捉了单于的叔父罗姑比。

汉武帝

好样的，没辜负我！少年名将，就此产生！

霍去病

我就是这个时候，被武帝封为冠军侯的。

汉武帝

好戏才刚刚开幕，孩子，你好好锤炼吧。漠南之战结束后，我紧接着部署河西战役，打算彻底把匈奴的势力清除出河西走廊，打通西域之路。

霍去病

我被任命为骠骑将军，领兵出征河西。这次出塞作战，我不负众望，在千里沙漠中采取长途奔袭的战术，并发挥了骑兵的高机动性，六天中转战五个匈奴部落，与敌人短兵相接，杀敌八千余人，休屠王的祭天金人也成了我的战利品。

汉武帝

第一次河西战役胜利后，我立刻部署第二次河西战役。

霍去病

武帝想让我像舅舅卫青那样建功树勋，便让我以骠骑将军统领诸军，合骑侯公孙敖从北地出兵，博望侯张骞、郎中令李广从右北平出兵，分道进军。

卫青

我当年也是身为主帅，四将军在我麾下，分路出塞。霍去病这小子赶上了好时候，当时我正受武帝宠信。我功劳大，却从不居功自傲，时时刻刻战战兢兢，武帝赏赐我什么，我都谢绝，无法谢绝的就跟别人分享。武帝还封我的几个儿子为侯，我上书坚辞，无功不受禄，他们要想封侯，自己去努力奋斗，不能沾我的光。我就是这样，害怕功高震主，不得善终呢。

霍光

你活着的时候没啥事，你一死，就有人拿卫氏外戚开刀了。

汉武帝

我也是一时糊涂，受了刘屈牦和李广利的蛊惑，才对太子刘据下了杀手。

卫青

那卫皇后呢？

霍光

姨妈也受牵连而死。

卫青

天啊，我们卫氏这是得罪谁了？！

霍去病

政治我就不懂了，我也不想懂。我在第二次河西战役中，也是幸运。迷路的迷路，投降的投降。只有我的骑兵以神速越过居延海，穿过小月氏部落，抵达祁连山。

卫青

傻孩子，战争是政治的延续，没有你的姨妈做皇后，没有我做大将军，哪有你施展才华的舞台。笑话！

霍去病

现在想想也对。我当时可没这种想法。祁连山一战，我率军杀敌三万余人，俘虏匈奴贵族一百余人，使匈奴不得不退到焉支山以北。河西走廊尽归大汉掌握。

汉武帝

为了跟匈奴决战，我调集十万骑兵、战马十四万匹、步兵和转运物资队几十万人，命令大将军卫青、骠骑将军霍去病各率五万骑兵，分东西两路向漠北进军。

卫青

外甥，你这次出征应该对政治对军事的影响有所体会了吧。包括你跟谁打，都是武帝安排好的。武帝原本安排你去打单于，我打左贤王。结果情报出了错误，使得我跟单于相遇。

霍去病

说起来，我真上火。我的梦想就是跟单于的主力来一次巅峰对决。没想到，偏偏是舅舅跟单于对决。真遗憾啊！难怪人家说，人生没有十全十美，有了遗憾，才有了质感。可我不想要这样的质感。我一激动，就把左贤王的部队打得稀里哗啦，杀敌七万余名。我一路追杀匈奴主力，一直追到狼居胥山。我在狼居胥山举行祭天封礼。然后继续追击，一直跨过瀚海。

汉武帝

经过艰苦的漠北战争，左贤王、右贤王和单于三大集团被彻底打垮，匈奴再也没有能力侵扰大汉边疆，漠南从此再无王庭。

卫青

霍去病这小子很快就盖过我，跟我一样被封为大司马。

汉武帝

大汉能有这样的年轻将领，真是大汉之福。我记得河西战役结束后，为了奖赏霍去病的卓越战功，我赐给他一座豪宅。但他说：“匈奴未灭，何以家为？”我大为感动。可惜天妒英才，命太短了。

卫青

霍去病二十四岁就死了，他简直是为抗击匈奴而生的。

汉武帝

我追封霍去病为景桓侯，把他安葬在我的茂陵旁边，按照祁连山的形状为他修造了陵墓，发动西北沿边五郡归降的匈奴人民身穿黑甲，把霍去病的灵柩从长安护送到墓地安葬，在墓前给他做了“马踏匈奴”石像，象征他曾为国家立下的不朽功勋。

李白

我对霍去病这位大汉名将非常向往，特意作了一首诗，叫《胡无人》，以表达我的崇敬之情。

严风吹霜海草凋，筋干精坚胡马骄。
汉家战士三十万，将军兼领霍嫖姚。
流星白羽腰间插，剑花秋莲光出匣。
天兵照雪下玉关，虏箭如沙射金甲。
云龙风虎尽交回，太白入月敌可摧。
敌可摧，旄头灭，履胡之肠涉胡血。
悬胡青天上，埋胡紫塞傍。
胡无人，汉道昌。陛下之寿三千霜。
但歌大风云飞扬，安得猛士兮守四方。

卫青

这首诗我必须得点赞。

我也点赞！我老哥虽然死得早，可从另一个角度看，未尝不是一件好事。他在最传奇的年龄戛然而止，如流星点亮浩瀚夜空，定格在璀璨和辉煌的那一刻。假如他活得很长，赶上了巫蛊之祸，赶上了卫氏外戚的覆灭，真不知道以他的性格会有怎样的结局。

霍去病这颗将星的升起，正是顺应了卫氏外戚崛起的趋势，否则以其十几岁的年纪不可能领兵打仗，更不可能为了让他打胜仗，所有的资源都向他倾斜。明眼人须仔细！

霍去病

 ××年

随卫将军出战，我真是太激动了！！！

 3 **喜欢**  3 **评论**

汉武帝

好样的，我看好你哟。

李白

赶紧去我的朋友圈为我的新诗点赞。

卫青

你可真是傻人有傻福。

假如古代名将能吐槽……

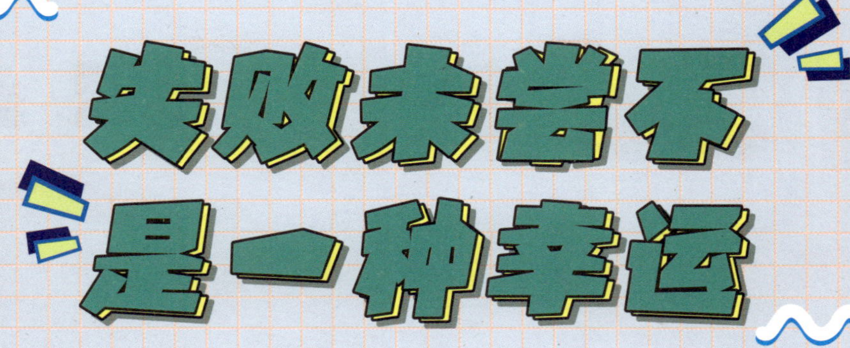

姓　　名：马援
生　　卒：前 14—49 年
出 生 地：今陕西省兴平市
民族族群：西汉→汉族
朝　　代：东汉
职　　业：将军、军事家
大 事 记：帮助刘秀建立东汉、经略戎羌、平定南越

进入会场

马援

吐槽榜 011 名 >

更多直播间 >

曹雪芹在《红楼梦》中借薛宝琴之口，赞颂“马援自是功劳大，铁笛无烦说子房”，认为马援堪比西汉的张良。作为东汉的功臣，马援获得后世无上的赞誉，但他活着的时候却忧谗畏谤。要不是死得及时，后果不堪设想。到底发生了什么事，让他如履薄冰？有请马援，一吐心中块垒！

参加此次大会的还有刘秀、公孙述、隗嚣、梁松、孟冀。

刘　秀：东汉的建立者，即光武帝

公孙述：东汉初期蜀地割据势力“成家”的开创者

隗　嚣：新朝末年地方割据军阀

梁　松：刘秀的女婿

孟　冀：马援的好友

马援

大家好，我叫马援。我的先祖赵奢是战国时赵国大将，通晓兵法，善于相马。因赵惠文王赐名“马服君”，其后代就以马为姓。我的祖父马宾、父亲马仲，都是小官。到了我这辈，三位兄长马况、马余、马员，俱为二千石。只有我闲居而已。

刘秀

二千石在汉朝可不是小官，最起码也是郡守以上。

马援

十二岁时，父母俱亡。我到西北边郡去发展畜牧养殖。数年之后，马羊无数，粮谷万斛。但我并非守财奴，而是把财产分发给了那些经营有困难的人，以及当地穷苦的百姓。

公孙述

老乡，你这是裸捐吗？

刘秀

马援的裸捐可谓是最早的！

马援

王莽篡汉后，任命我为新成大尹（王莽时将太守改为大

尹），治在汉中。王莽败亡后，我回凉州避乱。当时，隗嚣盘踞天水，打算把凉州据为己有，跟刘秀、公孙述三分天下。

隗嚣

我听说马援名声好，文才武略都是海内翘楚，便亲自请他出山。

马援

隗嚣封我为绥德将军。他既担心盘踞蜀地的公孙述北伐，又担心刘秀西进。其实，他的担心是多余的。刘秀忙着扫荡齐地、幽蓟、江汉，无暇西顾；公孙述受到刘秀从东方施加的军事压力，也无心北上。

隗嚣

我心里总觉得不踏实，就让马援到蜀地去探清虚实。马援跟公孙述是老乡，说话方便。

马援

现实无情地打脸啊。公孙述现在称帝了，排场大得很，让我穿上成家（公孙述国号“成家”）的服饰。我去觐见公孙述的时候，等了好半天，他才煞有介事地出来，爱搭不理的。

公孙述

唉，没办法，当皇帝就得有当皇帝的样子。

马援

小人得志！天下未定，周公吐哺尚且难成，何况沐猴而冠！

公孙述

马援竟然不识抬举，岂有此理！

马援

我告诉隗嚣，公孙述不过是井底之蛙，不足虑也。依我看，关注的重点应该放在东方。

隗嚣

那就麻烦你再往东方跑一遭。

刘秀

洛阳欢迎你，马大将军！

马援

希望您不要让我失望。

刘秀

怎么会呢，我可是你的真命天子。

马援

在洛阳觐见刘秀的时候，他穿着朴素，笑呵呵地站在宣德殿的走廊上等着我。

刘秀

先生遨游于两个皇帝之间，你难道不觉得脸红吗？

马援

当今乱世，不但主上选择臣子，良臣也要择主而事。我前番入蜀，公孙述接见我时，武士林立，戒备森严。现在，您就不疑心我是刺客？

刘秀

哈哈哈。我怀疑你是个说客。

马援

哈哈哈。天下局势反复不定，称王称帝的人此起彼伏。纵观之下，唯有您气度恢宏，大有高祖之风。现在我才信，帝王是有真伪的！

刘秀

那你还等什么呢，大汉的大门始终向你敞开！

隗嚣

老马，刘秀 PK 刘邦，如何？

马援

刘秀不如刘邦。刘邦做事无可无不可，而刘秀喜欢处理政务，凡事有节制，又不喜欢饮酒。

隗嚣

那岂不是刘秀比刘邦更高明？看来我应该采取亲刘秀的政策。

刘秀

为你点赞。

马援

隗嚣决定派遣长子隗恂前往洛阳充当人质，交由我来护送。洛阳各界代表热烈欢迎我抵达，够意思！

刘秀

你来了，西羌的事情就好办了。西羌的问题由来已久，他们盘踞天水、金城、安定、北地、陇西五郡，人口超过百万人。东汉初年，西羌趁着中原动荡不止，屡屡起兵滋扰。

马援

小事！交给我就完了。我常年跟他们打交道，对付他们不费吹灰之力。

刘秀

中央也有顾虑，很多朝臣以为金城郡以西的领土不易控制，诸羌作乱，路途险要，不如放弃算了。

马援

这种说法简直不值得一驳。金城以西诸城，城池坚固、土地肥沃、水利工程完备，一旦落入诸羌之手，会更加刺激他们的野心，西部边郡及整个王朝都会备感压力。

刘秀

我也是这么看的！

马援

我对西羌大地怀着深深的感情。每收复一地，便修建城池，兴建堡垒，疏通水利，鼓励羌民放弃游牧，进行耕作。如此一来，边郡渐渐安定繁荣起来。

刘秀

我要颁给你勋章！

马援

我的功劳又岂止这些呢？

刘秀

没毛病。诸越问题也非常让人头痛。征氏姐妹在越南造反，不到半个月的时间，就占领了交趾郡，其他地方的诸越部落纷纷响应，各郡太守避乱内迁。我接到紧急军报，急得睡不着觉。我又想到了马援。

马援

就这样，我被封为伏波将军，带兵南征。费了九牛二虎之力，才搞定征氏姐妹，算是平定了越南风波。征氏姐妹力战而死，余党被剿灭。

刘秀

老将出马，一个顶俩！

马援

我有个兄弟叫马少游，他告诉我，大丈夫一世，但求衣食无忧，何必不满足，自寻苦恼呢？当我身在刀矢之间，山下瘴潦遍布，山上雾岚环绕，仰视鸱鸮飞扬，俯视恶浪翻滚，才明白少游所说的道理，十分难得。

刘秀

理解。一将功成万骨枯，伏波将军的威名，也是血筑肉垒而成。马援跟他的先祖一样，善于相马。他在南征期间获得一面骆越铜鼓，改筑成一尊铜马式献给我。所谓马式，就是千里马的标准模型。我非常珍惜，安置在宣德殿下，让文武群臣每天都能瞻望这部杰作。

孟冀

马援就是您的一匹千里马。

马援

当年西汉的伏波将军路博德出征越南，开置七郡，不过封了数百户；而我依靠微末的功劳，竟然得封大县。功薄赏厚，岂能长久？兄可有良策趋避之？

孟冀

我虽然是你的老朋友，但仍然无情地告诉你：没有！

马援

当今北疆，乌桓、匈奴不断南下侵扰，我想主动请缨，出击边寇。男子汉大丈夫当战死沙场、马革裹尸而还，岂能死在卧床上小儿女的啼哭环视之中！

孟冀

真大英雄！

刘秀

武威将军刘尚在针对五溪蛮（五溪是指汇入沅江的雄溪、溝溪、酉溪、辰溪、樠溪五条溪，皆在武陵境内，是武陵蛮的聚居地）的战斗中，孤军深入，全军覆没。在“老当益壮，马革裹尸”的指导精神下，时年六十二岁的马援再次请求出征。

马援

我不怕出征，也不怕为国捐躯，就怕有人背后诽谤我。现在军中有许多将二代，这些少壮派难以应付，恐怕要使我陷入艰难境地。

孟冀

老马一语成谶，他的此次南征，果然跟少壮派发生了很大的矛盾。关于进攻路线问题，他们发生了激烈的争吵。

刘秀

我当然是支持伏波将军的。

孟冀

少壮派却怀恨在心。他们觉得马援飞扬跋扈，丝毫不把他们放在眼里。

马援

要怪就怪我跟云台二十八将不是一个派系，将二代组团坑我，还有我的好吗？

孟冀

当时正值炎夏，酷暑难当，军中暴发了瘟疫。马援也染上了瘟疫，病倒在壶头山。

马援

我让人在溪畔的岩壁上凿了一个石窟，有一间屋子大小，暂避其内，休养病体。

孟冀

马援的病倒以及大军的受阻，宣告了马援所主张线路的失败，这给少壮派的反击提供了极好的理由。

刘秀

马援老了，加上倚老卖老，使矛盾激化，战场失利。我只好派梁松去监军，调查真相。

孟冀

这个梁松，是刘秀的东床快婿。此时，刘秀完全忘却了他当初是支持马援的路线的，他才是第一责任人，马援不过是个执行者。

梁松

马援落在我的手里，我可要出气了。我们之间的过节也不是一天两天了。有一次马援病了，我去问候。马援坦然受之，并不回礼。我很气愤——你马援算什么东西？混充长辈吗？如今，我堂堂驸马爷给你行跪拜之礼，你竟然无动于衷，爱搭不理，岂有此理！

马援

我是你的父辈，你回家问问你父亲梁统就知道了。

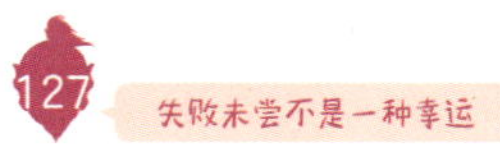

梁松

老马，这下你落到我手里，看我怎么收拾你！我绞尽脑汁，一点破绽都找不到。有一天吃晚饭时，下人端上来一碗薏米（薏苡）粥，我突然来了灵感——薏米，薏米，搞臭马援全靠你！原来马援平定二征之乱后，曾从越南运回一车薏米。我就说拉回来的是一车珍珠！

马援

你爱说啥说啥吧，不跟你玩了。

孟冀

没等梁松施展小人伎俩，马援先一步逝世了。

刘秀

幸亏马援死得及时，要不然我可得跟他好好谈谈！

白居易诗云："薏苡谗忧马伏波。"刘秀向来开明，可到了薏苡之谤，却露出了权诈的嘴脸。究其根本，还是在于马援是半路从龙，不是南阳嫡系。悲夫！为国尽忠一辈子，仍受猜忌。看来，及时死掉，未尝不是一种幸运。

马援

 × × 年

我打过的仗，比你们吃的米都多。

3 喜欢 3 评论

梁松

等你落我手里……

孟冀

现在不是吵架的时候。

刘秀

等你回来，我得找你好好谈谈。

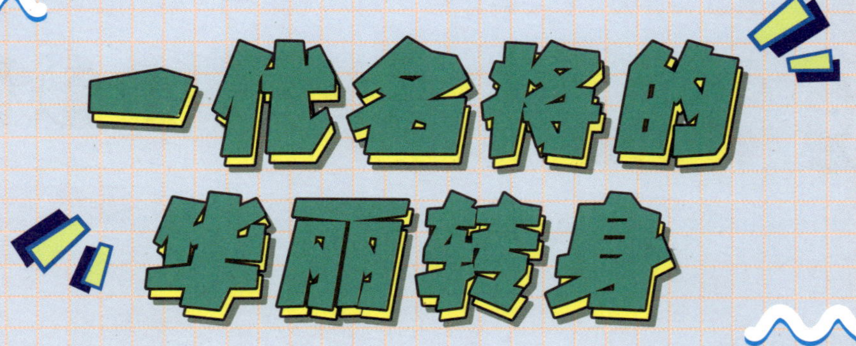

姓　　名：邓禹
生　　卒：2—58 年
出 生 地：今河南省新野县
民族族群：汉族
朝　　代：东汉
职　　业：将军、老师
大 事 记：帮助刘秀建立东汉、西征失败

进入会场

效仿我的偶像，归隐山林。

你这是说啥呢？

全国统一这个问题，可以提上日程了。

我来做你们坚强的后盾。

邓禹

更多直播间 >

邓禹是东汉云台二十八将之一，在东汉建立的过程中立下了汗马功劳，然而因为一场失败，他丧失了对战争的兴趣，转而从事起文学方面的创作，是什么促使他发生这样的改变？且听本尊一诉衷情。

参加此次大会的还有刘秀、冯异、寇恂、公孙述。

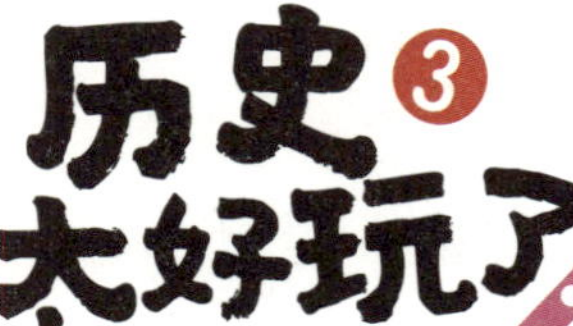

刘　秀：东汉的建立者，即光武帝

冯　异：东汉开国名将

寇　恂：东汉开国功臣

公孙述：东汉初期蜀地割据势力“成家”的开创者

邓禹

大家好，我叫邓禹。我跟刘秀先生在长安相识，那时候他还是个粮食贩子。

刘秀

我在长安不仅贩粮食，还有“租驴代脚”的业务，小生意做得风生水起，要不是后来世道乱了，我兴许早就在长安城买房了。

邓禹

长安大，居不易。我只好回新野种地。我要给诸葛亮做个榜样——不遇明主，绝不出山！

刘秀

真能装，你来找我的时候都快饿瘪了。嘴上说得倒好听，说什么看出我前途无量，所以想搭个顺风车，以青史留名！就喜欢你这么率直，那就上车吧！

邓禹

你还记得我们秉烛夜谈的那一晚吗？

刘秀

那我能忘吗？

邓禹

我曾问你，你真打算跟着更始帝刘玄混吗？

冯异

我也这么问过刘秀。

刘秀

其实我的真实想法是取而代之，这就是我经略河北的理由。

邓禹

英雄所见略同。更始帝刘玄不过是个傀儡，迟早会把小命玩丢。而他手下的将领一个个贪财好色，没有远大志向，都成不了大气候。依我看，将来成大事者，唯有你！

刘秀

我永远忘不了你跟我论及天下大势的场景。我现在几乎还会背你的话——“纵观天下大势，崤山以东，赤眉、青犊实力强大，互不隶属；玄汉政权貌似强大，但更始帝刘玄根本没有实权，更始诸将贪图享乐，胸无大志。自古圣君兴起，不外天

时与人事。天时上，王莽败亡，各股势力混战，人民渴望安定；人事上，任何帝王成就大业，绝非一人所能，必须招揽英雄，收回民心，则天下必归于你手掌握。”

邓禹

“河北一带，山河险峻，足以为凭，况且土地富实，物产丰阜，如果将军占据河北，好比是高祖拥有关中，真乃龙兴之地。进兵可以平定冀州，然后北取幽、燕并胡马之力，向东占领青、徐二州，进而占有负海之资，到时候河北平定，南面而问鼎天下，试问取天下何如探囊取物。”

冯异

你们是在背课文吗？

邓禹

哈哈，世人称我为邓将军，就是背完这篇课文后，刘秀真心赞我的！

刘秀

背完课文，我就把邓将军倚为心腹，凡事都跟他商量。

邓禹

河北初定后，传来赤眉军要攻长安的消息。刘秀派遣我去夺取关中。临行之时，我推荐寇恂经略河内。

寇恂

河内对于夺取长安至关重要。刘秀和邓禹希望我能像萧何经略关中平原那样治理河内，为他们夺取天下提供强大后援。

邓禹

我建议冯异统辖军队，驻扎在河内，跟寇恂配合，密切监视黄河对岸的玄汉政权的一举一动。

刘秀

经过这样一番部署，我开始考虑全国统一的问题。

邓禹

诸将都有让刘秀称帝的想法，尤其是武将们，纷纷打报告，请求刘秀即位。刚开始刘秀还推三阻四，后来公孙述在蜀称帝，大大刺激了他。

公孙述

咋了，天下给刘秀了吗？我称帝，我高兴！

刘秀

要是更多的"公孙述"冒出来，这里一个帝，那里一个帝，到时候收拾起来可就麻烦了。

邓禹

关键时刻，术士强华给予神助攻，进献《赤伏符》。

刘秀

都知道我信谶纬之学，对这些预示、征兆类的东西很感兴趣。强华颤颤巍巍地将一个小匣子交给我，里面装着一个描金的纸片，上写"刘秀发兵捕不道，四夷云集龙斗野，四七之际火为主"，可把我激动坏了。

邓禹

这还有什么好说的，赶紧即位吧。

刘秀

你就是我的大司徒了！我派你去征西。

邓禹

西征，改变了我的一生。

刘秀

你此次西征，目的只有一个——趁赤眉军与玄汉混战之机，夺取关中。

邓禹

我竖起大汉的旗帜，领命西征。大军所到之处，宣讲皇上的仁慈，慰问孤老，秋毫无犯，每天归附的老百姓数以千计。这样一来，我的大名响彻三辅大地。

冯异

你啊，光顾着做表面工作了，忽略了内部矛盾。

邓禹

你说得太对了。有人的地方就有江湖，有江湖就有争斗。我率军避开赤眉军锋芒，袭取了上郡、北地、安定三郡，这些地方地广人稀、粮食充足，可以获得充足的补给，然后可伺机夺取长安。

刘秀

邓先生，你是尧一样的人物，盘踞长安的赤眉军势力强。长安城的老百姓处于水深火热之中，指望你能前来解民于倒悬，可你却迟迟不肯进攻，所为何故？

邓禹

将在外，君命有所不受。我在三郡积蓄粮草，伺机而动。这时候不承想发生了内讧。积弩将军冯愔跟车骑将军宗歆共守旬邑，争权夺势，谁也不服谁。后来愈演愈烈，冯愔竟然把宗歆杀死了。事后，冯愔担心我找他麻烦，索性起兵造反。要不是冯愔最亲信的将官黄防抓住他归降，我的整个战略部署都会被打乱。

冯异

千里之堤，溃于蚁穴啊。

邓禹

之后，赤眉军洗劫了长安，继续向西抢掠，直逼三郡。我率军绕过赤眉军，进入长安。

刘秀

可惜是一座空城。

邓禹

赤眉军真是坏透了，四处抢掠，还对西汉诸多皇帝的陵寝进行挖掘偷盗工作，带走了其中无数的珍宝。连尸体上穿着的金缕玉衣也不放过，尽数剥走。我实在看不下去，跟赤眉军在宝鸡展开会战。结果，吃了败仗，刚到手的长安又归于赤眉军。

刘秀

真是丢人啊！

邓禹

长安失守，我老上火了。这时候发生一件事，汉中郡的变民首领延岑带领大军窥伺长安。赤眉军立刻出击。双方展开大战。我想趁机再次袭取长安，没想到幸运之神不在我这边，我再次被赤眉军打败。接连打了两次大败仗，之前积累起来的声誉也很快瓦解。雪上加霜，军队还发生了粮食危机，军心离散。

刘秀

邓禹智穷计尽，我只好让大树将军冯异去代替他。我告诫冯异，不要以攻城略地为目的，要瓦解敌人，安抚百姓。

冯异

放心吧，我绝不会跟他们硬碰硬的。

刘秀

我写信告诫邓禹，千万不要做无谓的攻击，否则徒劳无功。

邓禹

我当时也是一根筋。我心里实在不甘，冯异到了以后，我就跟他商量渡河南下，进攻赤眉军盘踞的湖县，以挽回颜面。

冯异

赤眉军的势力依然很强大，只能像皇上说的那样，以恩德和信义令他们瓦解，而不能迷信武力。皇上已派遣大军驻扎在渑池，阻截赤眉军团的东归要道。我在西面攻击。这样两面夹击，赤眉军必败。

邓禹

我急于立功雪耻，哪里听得进去？既然冯异不肯合作，我只好单独行动。刚开始获得了一些小胜利，赤眉军受挫引退。我乘胜追击。结果，赤眉军掉头痛击，打得我落花流水，只剩下二十几个兵丁。

冯异

唉，连带我都不敢轻易出战了。

邓禹

西征算是彻彻底底失败了。我从此也失去了对军事的兴趣，把人生的重点渐渐从沙场转移到文学和政策研究领域，开启了人生的另一种可能。

名将的下场一般有两种，一种是战死沙场；一种是以功臣的身份被杀掉。善终的少之又少。邓禹能够完成从武到文的华丽转身，不失为一种智慧的抉择。

邓禹

 ××年

我又失败了，之前积累起来的声誉瓦解了。

 3 喜欢 

冯异

请放心地交给我，我一定不辜负众望。

刘秀

唉，那也只能换人了。

公孙述

哈哈哈，我终于称帝喽。

假如古代名将能吐槽……

“人中吕布”并不是一句夸奖

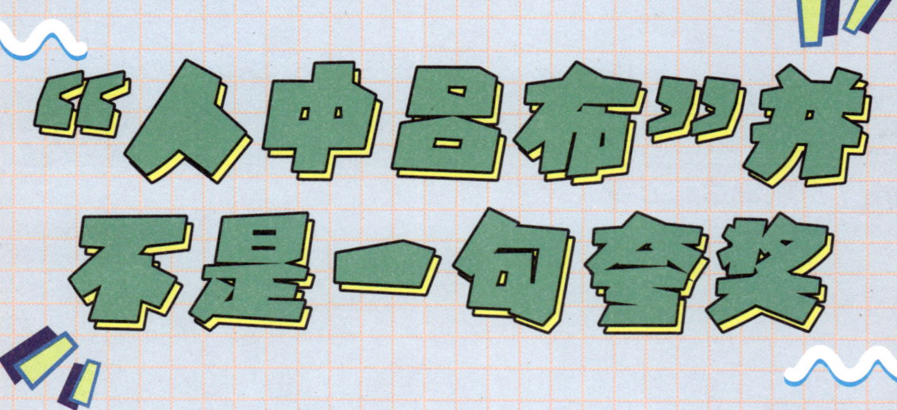

姓　　名：吕布
生　　卒：？—199 年
出 生 地：今内蒙古包头市
民族族群：汉族
朝　　代：东汉末年
职　　业：将军
大 事 记：诛董卓、破张燕、败袁术

进入会场

吕布

吐槽榜 013 名 >

更多直播间 >

吕布是东汉末年名将，号称“飞将”。在长篇小说《三国演义》中，他贪恋美色，反复无常，有勇无谋，一败涂地。真实的吕布是个怎样的人呢？其实，他的人生轨迹跟《三国演义》描写的差不多，只不过少了一些戏说，比如貂蝉的故事。现在有请本尊一吐为快！

参加此次大会的还有董卓、王允、貂蝉、曹操、刘备、罗贯中。

历史 3 太好玩了

董　卓：东汉末年凉州军阀
王　允：东汉末年名臣
貂　蝉：传说中的人物，“四大美女”之一
曹　操：三国时期魏国的实际建立者
刘　备：三国时期蜀国的建立者
罗贯中：历史小说《三国演义》的作者

吕布

大家好，我就是“人中吕布”。

董卓

我儿奉先，你还好吗？你的“马中赤兔”呢？

吕布

首先，我不是你儿；其次，赤兔马被关羽夺走了，我迟早还要抢回来，那是罗贯中瞎编的。

貂蝉

你就是传说中的吕布？

吕布

你是谁？

罗贯中

她是我特意给你安排的一位大美女——貂蝉！

吕布

哼。我就是跟她一见钟情，然后杀掉董卓的吧？

王允

那都是在下的小计谋，何足挂齿！

罗贯中

我写《三国演义》的时候，考虑到书中的女性人物太少了，除了几位皇后、太后，基本都是男人的戏份，所以才虚构了那么几位传奇的女性，作为陪衬。

貂蝉

我就是其中之一吗？

曹操

还有那个孙尚香，是吧？

刘备

你不说话没人把你当哑巴。

罗贯中

我虽编造了貂蝉，但也不是空穴来风。史书中本来就写着吕布跟董卓的婢女不明不白的，才引得董卓对他不满。

董卓

这倒是事实。吕布这个人原是并州刺史丁原的主簿，何进引外援入京，丁原跟我同时而来，是我用大量黄金珠宝诱使吕布杀掉丁原，我才成了洛阳真正的主人。吕布到了我的麾下，心术不正，竟然对我的婢女动了心思，气得我将戟向吕布投了过去。

吕布

从那以后，我常常害怕董卓会杀我。

王允

我早看出你们的矛盾，才拉拢你的。

吕布

王允身为司徒，给了我不少的金银，让我跟他并肩作战，除掉董卓，并且事成之后封我为温侯，跟他一起治理天下。那我还有什么好犹豫的，本来我就担心董卓会杀我，这样一来我先去杀他就好了。于是找了个机会，我就把董卓刺死了。

王允

你不愧是个剑客！

曹操

王司徒，剑客在咱们那个时代可不是个好词！

吕布

我知道，你们本来就瞧不起我。

罗贯中

我插一句啊，吕布其实是文武兼备的。他曾在丁原手下做主簿，说明他是以文职起家的，能做主簿的人最起码是有一定文采的。

貂蝉

你们能聊聊我的事吗？

罗贯中

都告诉你了，我觉得这些男人之间的事太无聊了，才编造你出来，让你去给王允当干女儿，然后离间董卓和吕布，让他们起矛盾，最后吕布杀死董卓，这叫王司徒巧使连环计，明白了吧？

貂蝉

难道我是凭空产生的吗？为什么我被评为“中国古代四大

美女”之一，世人会为不存在的人投票吗？

罗贯中

你在四大美女中号称“闭月”，那是因为你的脸庞酷似明月。据说有一天晚上，明月当空，你忍不住去拜月，正当你弯下腰的时候，月亮突然隐去了，躲在了一片云彩后面。这就是“闭月”的来历。至于你的身世，据我考证，是在东汉末年的一次军阀混战中，你们一家人失散，你的母亲带着你投靠你父亲生前的好友——司徒王允。长到十五岁的时候，你成了王家的歌女，后面的故事就不用我说了，地球人都知道。

吕布

给我配上这么一段浪漫凄美的故事，我还真得谢谢你。

罗贯中

还是你大度，好多人都想杀了我呢，比如曹操、刘备、鲁肃、蒋干……名单太长了，我一时也写不全。

曹操

老夫不说话，不代表我没意见。

刘备

为曹操点赞！

吕布

董卓死后，王允倒也没有食言，确实给我加官晋爵，让我在京中拥有了很大的权势。

曹操

可惜，你是个有勇无谋的人！

吕布

阿瞒，你能闭嘴吗？不服的话，让你手下排名第一的典韦跟我比比，让你见识一下什么叫“一吕二赵三典韦”！

刘备

还有我们家赵子龙的事呢？

吕布

大耳贼，你好没记性，虎牢关三英战吕布，你们桃园结义三兄弟加一块都不是我的对手，你还有脸说话吗？

刘备

吕兄，有话好说，莫要动怒。

吕布

唉，也难怪曹操和刘备嘲笑我，我在董卓死后位比三公，手里还有小皇帝刘协这张王牌，如果也学学曹操，挟天子以令诸侯，或许命运就改变了。

曹操

学我？你还嫩呢。王允和你，一对棒槌！

吕布

王允掌权之后，确实在处理董卓余部的问题上犯了大错。他想要彻底赦免董卓的旧部，然而又怕他们的凉州军残害国家，所以决定让别的军队去接管他们，却一下子激怒了凉州军。原本身为董卓麾下校尉的李傕、郭汜二人，直接召集凉州军，反攻京城。此时的京城内部并没有多少兵力，根本抵挡不住李傕、郭汜的叛乱。无奈之下，我只好狼狈逃窜。

曹操

我早就说过，你有勇无谋，罗贯中还说你文武兼备，我送你一句话——呵呵！

吕布

没有你这么打脸的！我逃出京城后，身边总共有百八十人，几十把武器。叛军追得我是东躲西藏，没办法我才去投靠关东诸强。我先去投袁术，他四世三公，名门世宦，根本瞧不起我；我又转投袁绍，他也是一样的态度，多亏我替他击破黑山贼张燕，才有了一席之地。我想从袁绍手中讨得一块地盘，袁绍不给，我只好抢掠他一些物资，再次逃跑。

曹操

袁绍怎么会信任你呢？

吕布

袁绍是信不过我，可也不敢跟我正面对抗，你要知道“一吕二赵三典韦”，天下驰名的武将可没他袁绍什么事！袁绍不敢正面对抗，却搞了些刺客来杀我。我这辈子尽是刺杀别人，谁能刺杀得了我呢，所以我躲过一劫。

曹操

这下你该到老夫的麾下了吧？

吕布

曹阿瞒，你省省吧。你当时为了报仇，正在进攻徐州。我趁你兖州空虚之际，联合陈留太守张邈袭取了兖州，据为己有。

曹操

三姓家奴，我誓杀汝！

罗贯中

这是我编的词，在这里就别瞎用了，要不然我又该挨骂了！

吕布

可惜，我短暂地占据兖州后，并没有守住。

曹操

那是我的地盘，你能守得住才怪呢！

吕布

此地不留爷，自有留爷处。爷去也！

刘备

不好，北方有一股妖气，直奔徐州而来。

吕布

大耳贼，你等着！我杀奔徐州，听说徐州牧陶谦，竟然要把徐州让给刘备，岂有此理！

刘备

有没有点良心？我见你累累如丧家之犬，收留了你，没想到你小子玩阴的，竟然把我架空了。

吕布

那不赖我，谁让你打不过袁术呢。不过，我也没难为你，把小沛让给你驻军，还上表请求加封你为豫州牧。人们都叫你刘豫州，都是我的功劳。后来，袁术老贼不知道从哪里搞了一块破石头，说是传国玉玺，便做起了皇帝梦，频频向我抛橄榄枝，要跟我结亲。曹操挟持了汉献帝，也以朝廷的名义来招安我。我当时有点飘了，人生也不过如此而已！

刘备

反复无常，典型的骑墙派！

吕布

大耳贼，我誓杀汝！

罗贯中

都是我的错，搞了这么多口头禅出来。

吕布

什么口头禅，我要动真格的。我出兵攻打刘备。什么桃园三结义，在我面前只有发抖的份。

刘备

你以为就你会逃跑啊，我也会。你去访一访，我刘备从涿州开始，一直到成都称帝，跑了多远！跟我比跑，你差得远了！

曹操

天下英雄唯使君与操耳！快来，备，我这儿总有你喝酒的椅子！吕布逃不出我的手掌心！吕布，我誓杀汝！

罗贯中

……

曹操

吕布驻兵下邳，我亲率大军围城。围城三个月后，吕布麾下接连反叛，下邳城最终陷落，吕布为我所擒。

吕布

曹公，能不能放我一马，让我为你打江山，你要知道“一吕二赵三典韦”，我是排第一的，典韦死了，赵云归大耳贼了，我要是给你卖命，何愁天下不平？

曹操

备，你看如何？

刘备

你忘了丁原、董卓了吗？

吕布

大耳贼，我誓杀汝！

罗贯中

……

反复无常，有勇无谋，冲锋陷阵即可，执掌一方则败！吕布一生，难成大事早已显明，命运至公！人中吕布，意思至贬，世人竟以为赞语，一笑！

< 发现　　朋友圈 

吕布

我从未想过，有一天会落个狼狈逃窜的下场。

× × 年　　删除　　•••

曹操

这个下场一点都不意外。

袁绍

回复曹操：英雄所见略同。

假如古代名将能吐槽……

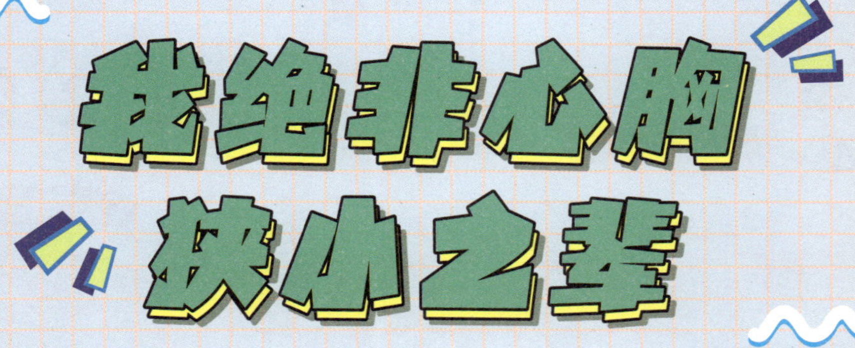

姓　　名：周瑜
生　　卒：175—210 年
出 生 地：今安徽省庐江县
民族族群：汉族
朝　　代：东汉末年
职　　业：军事家、政治家、谋略家、将军
大 事 记：赤壁之战

进入会场

搞点文学创作容易吗？

我看看谁敢说我哥“发小儿”的坏话。

我这么做自有我的打算，旁人不要妄加评论。

做大事者，何必为这些小事斤斤计较。

周瑜就是我心中顶天立地的汉子。

周瑜

吐槽榜 014 名 >

更多直播间 >

三国周郎赤壁，雄姿英发，可是这位儒将却被罗贯中描写成胸襟狭窄的人，给他安排的结局竟然是被诸葛亮气死。周瑜对此极度不满，总想找个场合来表达一下对《三国演义》的抗议。今天我就请来了周瑜，让他把心中的不愉快都吐露出来。有请周大都督！

参加此次大会的还有曹操、孙权、鲁肃、诸葛亮、罗贯中。

曹　操：三国时期魏国的实际开创者
孙　权：三国时期吴国的建立者
鲁　肃：三国时期吴国的名臣
诸葛亮：三国时期蜀国丞相
罗贯中：历史小说《三国演义》的作者

周瑜

大家好，我是周瑜，字公瑾。我的事迹早就被《三国演义》宣传得差不多了，可是我想告诉你们一个事实——《三国演义》里的周公瑾，绝不是现实中的周公瑾。对此，我可以用生命去捍卫。就今天，老罗，你给我站出来，能不能当着大家的面，还我清白！

罗贯中

我承认，我在写《三国演义》的时候，人为地加工了那么一下，可是我一再重申，那是为了销量，我们做出版的也有业绩压力，完不成任务，我们可就得喝西北风了。

鲁肃

你喝西北风，也不能坑我们啊，把我写成一个二等配角，我还没找你算账呢，你还敢编派我们大都督？

曹操

你们大都督算什么，他连我都敢编派。

诸葛亮

人家老罗也是一番苦心，你们都是大将军、大谋略家，何必跟一个写书的斤斤计较呢！

周瑜

敢情他把你写得跟神仙似的，把我们写得跟白痴似的，换过来你愿意啊？

罗贯中

你们也太较真了。实话说吧，《三国演义》这部书，文学意义大于史学意义。你们非得当成真事，我有什么办法？

周瑜

可是你也不能误导读者啊，现在满世界都觉得我是个心胸狭窄的人，还说我是被诸葛亮气死的，这不是胡说八道吗？

曹操

没错。我这个人既有澄清天下、结束割据的壮志，也有哀痛老百姓在割据战争中受尽苦难的情怀，虽然做出了几件令人心寒的事，但也绝非“奸雄”两个字可以概括的。

周瑜

老曹，你的事待会儿再说，现在我想说说我的事。就拿赤壁之战来说吧，那是鲁肃与我合谋，联刘抗曹，仗也是我指挥打的，而且取得了决定性的胜利，怎么就成了诸葛亮借东风、草船借箭、七星坛祭风了？怎么他就处处料在我先了？把我写得跟个白痴一样，而且是个小气鬼。更可气的是，还设计了一个短语，叫什么“既生瑜，何生亮”，姓罗的，你说谎还能不能有个底线了？

鲁肃

这些我都可以做证，姓罗的，你服不服吧！我可以负责任地告诉你，周瑜是个顶天立地的大丈夫，既不心胸狭窄，而且多才多艺，只不过天不假年，命短了一点。

孙权

我也可以证明。公瑾跟我老哥孙策是“发小儿”，两个人好得跟亲兄弟似的。而且两个人还是连襟，我老哥娶了大乔，周瑜娶了小乔。这都是历史上大大有名的典故。我老哥很年轻就死了，临死的时候把我托孤给周瑜，让他看顾我。

周瑜

从那时起，我就下定决心，要好好辅佐孙权，成就霸业，以报孙策的知遇之恩。

孙权

不是有那么一句话嘛，“内事不决问张昭，外事不决问周瑜”。可见，周瑜对我的影响是很大的。后来发生了曹操向东吴索要人质事件，更加显示出周瑜的见识非同一般。

我刚在官渡打败了袁绍，心里美得不行，北方基本上搞定了，接下来趁着兵威正盛，饮马长江，统一全国。我放出风去，要南征刘表。同时我以天子的名义命令孙权遣送儿子作为人质，送往许都。我这么做，是为了防止孙权跟刘表结盟。

孙权

曹操欺我太甚！

鲁肃

孙权召开会议，商量对策。可是没想到，会上的气氛很让他失望。张昭等人犹疑不决，既不说行，也不说不行。我就建议吴侯，“外事不决问周瑜”，你可以单独召见周瑜，以决大事。

周瑜

我问吴侯，你有没有想过送人质的后果？一旦入质于曹操，便被他抓住了小辫子，什么事情都要一致合作，曹操的任何号令都要无条件地执行，这样不就是受制于人吗？况且有什么好处呢，不过封你为侯，这和你“南面称孤”的理想相去甚远！依我的意见，人质绝对不给，先观察一阵再说。若曹操真的是主持正义，再称臣也不晚，但是曹操如果穷兵黩武，那就可以打出反曹义旗，以待天命，成就大事！

曹操

孙权小儿竟然听信周瑜的建议，不送人质，那对不起，我只能先灭刘表，再灭你东吴了！建安十三年七月，我起大兵南下征刘表，兵不血刃就拿下了荆州。刘备渡江逃窜，朝不保夕。

诸葛亮

我主是在寻找跟东吴联盟的机会，你别高兴得太早了。

孙权

曹操拿下荆州以后，尽得刘表的水军，日夜操练。我预感不妙，这不是准备攻打我吗？张昭主张投降，他的理由也很有道理，以前对抗曹操凭借的是长江天堑，现在曹操夺得荆州，也有了长江天堑，我们所凭的失去了意义，因此不如投降。可是我的心里实在不甘。

周瑜

张昭这些文人要坏事。我觐见孙权，陈述了我认为不可投降的理由。北方军士不习水战，这是东吴第一可战；西北有马超、韩遂，使曹操有后顾之忧，这是东吴第二可战；当下隆冬盛寒，百草僵枯，万物归藏，曹操面临严峻的后勤补给问题，这是第三可战。有此三可战，放手一搏，未必会输。再加上鲁肃正在做联合刘备的工作，如果孙刘能够联合，那就是第四可战。胜算将大大提升，何必屈膝投降呢？

孙权

周瑜的“四可战”给我吃了定心丸。

曹操

我还真小瞧了周公瑾，一辈子打雁，没想到却被雁啄了眼。赤壁一战，我军大败，鼎足之势定矣！

周瑜

当时我要是有一点犹豫，吴侯可能也就服软了。

孙权

你可是我的主心骨，连你都犹豫的话，我还敢打吗？

周瑜

其实，曹操号称八十万大军，实际人数不过十五六万，我方虽然赶不上他们数量多，但进行水战本来就是我们的强项，又有刘备和诸葛亮的牵制和帮忙，曹操很难讨到便宜。但战后有一些麻烦事，那就是当初答应借给刘备暂时立足的荆州，要回来就难了。

诸葛亮

周大都督，虽然你打赢赤壁之战有功，可你这么聊天，我依然可以告你恶意中伤。

周瑜

刘备和诸葛亮真是无耻，赤壁之战后，他们不但扩充了人马，而且有了自己的地盘。要是不及早铲除，日后必为大患。

鲁肃

我是不同意周瑜的这个想法的，因为曹操未灭，孙刘联盟的根基还在，要是现在撕破脸，曹操卷土重来，那可是件麻烦事。

周瑜

子敬说得也在理，可我就是放心不下。我纵观当时形势，认为刘备有攻取西川的野心，因此建议吴侯，趁曹操兵败之机进攻巴蜀，吞刘璋，并张鲁，与马超、韩遂结盟，曹操可灭。何必苦苦盯着一个刘备呢？如果按照我的谋略行事，天下将会是东吴跟曹魏划江而治，哪有刘备什么事？

诸葛亮

我早瞧出你这点野心，因此赤壁之战后，赶紧让关羽、张飞、赵云等将军抢占地盘，把守要津，让你无从下口。

鲁肃

要是周大都督没有中途病故，他的谋略或许会慢慢实现，可惜天不假年，周瑜只活了三十几岁，就一命呜呼。

诸葛亮

我声明啊，周瑜绝对不是我气死的，我对灯发誓。

鲁肃

你不用发誓了，周瑜之死，跟你一点关系都没有。姓罗的，你听好了，周瑜死于疾病，而非你笔下所说的被诸葛亮气得旧创复发而死。再敢胡编，小心你的肺！

罗贯中

我抓紧去写个检讨……

周瑜羽扇纶巾，一代儒将，竟被《三国演义》一书移花接木到诸葛亮身上，可见演义之胡诌白咧，淆人耳目之甚。我们面对历史人物，一定要深刻探寻其真实面目，绝不可以盲从书本，或轻信人云亦云之词。

< 发现　　朋友圈 

周瑜

这就是我的“四可战”，你们就说牛不牛？

× × 年　　删除　　•••

诸葛亮

赞！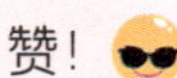

孙权

曹操

……

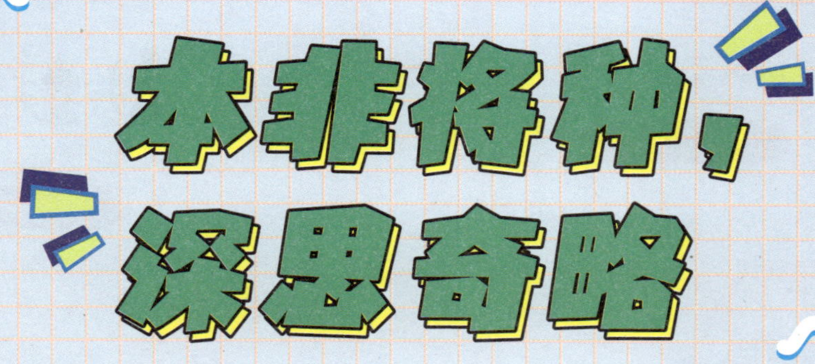

姓　　名：陈庆之
生　　卒：484—539年
出 生 地：今江苏省宜兴市
民族族群：汉族
朝　　代：南朝梁
职　　业：将军
大 事 记：北伐北魏、击破侯景

进入会场

陈庆之

吐槽榜 015 名 >

更多直播间 >

在我们的心目中，为大将者，必然是峭然威武，眼角眉梢杀气腾腾的形象，可千军万马避之唯恐不及的白袍将军陈庆之却不符合名将的一般特征，他病恹恹的，一副文弱书生的模样。他的战绩，历经千载，依旧令人神往。他为什么会有这样的魅力？且听本尊为我们倾诉他的故事！

参加此次大会的还有萧衍、尔朱荣、元颢。

萧　衍：南朝梁朝的建立者

尔朱荣：北朝北魏末年的权臣

元　颢：北朝北魏宗室，曾投靠梁朝

陈庆之

大家好，我叫陈庆之，南梁人。我出身寒门，少时我只是梁武帝萧衍的一个随从，这类似于书童的角色。后来，萧衍起兵反齐，当了皇帝，我被任命为主书。顾名思义，我是个文臣。对的，您没看错，我压根儿跟将军的形象不沾边。

萧衍

你啊，“射不穿札，马非所便”。我也没承想你竟然能打仗，而且毫不逊色于那些古代名将，真是人不可貌相。

陈庆之

我当文官一直当到四十一岁。那年，北魏的徐州刺史元法僧叛乱失败，向梁朝求救，说是愿意投降梁朝，且献上徐州。

萧衍

这是好事啊，我心里一直在谋划搞垮北魏。这是个不错的开始。我任命陈庆之为武威将军，去把元法僧接回来。你不是一直嚷嚷着要上阵打仗吗，我成全你！

陈庆之

小菜一碟。我接回了元法僧，又率两千人把豫章王萧综送去接管徐州。孰料北魏听说元法僧降了南梁，立马派了两万人马来阻止萧综进入徐州。我以两千人对阵两万人马，打得魏军主帅元延明找不到北。

萧衍

陈庆之真是将才啊！一战下来，让北人闻风丧胆。我让他继续参加对北魏的战争。在他的指挥下，梁军直取寿阳等五十二座北魏城池，俘获七万五千人。东晋以来，江南从来没取得过这么骄人的战绩！

陈庆之

我乘胜进逼涡阳。北魏闻讯，派将军元昭率军十五万增援。在距涡阳城四十里的驼涧，还没等北魏的增援部队站稳脚跟呢，我仅带着两百骑兵发动突袭。魏军大惊，感觉天兵突降。之后双方僵持了将近一年。北魏不断派遣援军过来，修了十三座堡垒。我军内部出现了撤退的声音。我拿着皇帝赐予的节杖，激励士卒要置之死地而后生。

萧衍

陈庆之从军中挑出数千精锐人马，连夜突袭魏军，一晚就端掉了四座堡垒。涡阳守将王纬开城投降。陈庆之一口气把剩下的九个堡垒全端了。魏军几乎全军覆没。这几场仗下来，陈庆之的名号在北魏传开。北人向来看不起南人，到了陈庆之这里，全都改观了。

尔朱荣

我也想会会这个白袍将军！

元颢

你这个屠夫！你遇到白袍将军，也就会抱头鼠窜！

尔朱荣

算你跑得快，要不然我也把你杀了。

元颢

你还好意思说，河阴之变中，你打着替孝明帝复仇的旗号，屠了包括胡太后和小皇帝在内的两千多名皇亲重臣。我跟汝南王元悦、临淮王元彧仓皇南奔，投降了梁朝。

萧衍

北魏大乱，可是我进攻的大好时机。我要在北魏扶植一个亲梁的政权，元颢正是不二人选。

元颢

正好我也想借助梁朝的力量，夺取北魏的政权。

尔朱荣

你俩倒好，狼狈为奸。

陈庆之

护送元颢入魏的工作自然又落到我的肩上。

萧衍

难道还有更好的人选吗？

陈庆之

这么大的事你倒是多给我点儿兵啊，给我区区七千兵，到一个异国扶植一个皇帝，不是有点儿戏吗？

萧衍

你行的，我不会看走眼的！

陈庆之

我只好硬着头皮领兵北上。一路上依靠旧日的威名，很快攻克荥城，驱兵北上。北魏大将丘大千有兵七万，分筑九城抵御。从早到晚，我连攻三城。丘大千不敌，投降。我乘胜而进，围攻荥阳。北魏元天穆与尔朱兆率领三十万大军赶来增援，梁军震动。

尔朱荣

兵力之悬殊，智力能补足吗？

陈庆之

秀给你看！我当时想，我军才七千人，敌众三十多万，只有抱必死的心才能得胜。而且敌方马多，不能与他们野战，应该在敌军还没有到齐时先袭取他们的城池，占据先机。于是我击鼓发号，指挥士卒攻城。抱定必死之心的梁军，几个小时就攻陷荥阳，抓住惊愕不已的守城将军杨昱，斩其辖下将领三十七人。不久，元天穆引兵围城，我率三千兵北城迎敌，大破魏军。元天穆、尔朱兆两人败走。我一鼓作气，直击虎牢，尔朱世隆弃城奔逃。

尔朱荣

我们尔朱家名将辈出，没想到竟败给你这个手无缚鸡之力的书生！耻辱！

陈庆之

你管谁叫书生呢？

元颢

陈庆之的攻势让北魏举国震动，吓得孝庄帝元子攸单骑奔逃，洛阳陷入一片恐惧之中。我抢先率军入洛阳宫，改元大赦。

陈庆之

我的任务算是完成，终于可以放松放松了。我准备到白马寺去逛逛，然后登临北邙山，凭吊一下那些汉墓。

萧衍

梁军入洛距离上一次桓温入洛，已经相隔近两百年了。两百年神州陆沉，怎不叫人痛惜。

陈庆之

是啊。“自晋、宋以来，号洛阳为荒土，此中谓长江以北，尽是夷狄。昨至洛阳，始知衣冠士族，并在中原……”

元颢

你回到南梁后，公然穿戴北魏衣冠，堪称开一代风气之先。你能正视现实，重视北朝文化，敢于学习，不愧南朝第一流人物。

尔朱荣

没想到这个南朝小将竟有如此神通，区区几千兵马入魏地如入无人之境。我越来越想见识见识他了。我派亲信元天穆率众四万猛攻虎牢。

陈庆之

元天穆，手下败将，何足惧之！

尔朱荣

元天穆派费穆率两万兵攻虎牢，自己带着余下的两万兵士在黄河边上驻守观望。由于他心里没底，不战而逃。费穆的两万大军很生猛，攻得陈庆之的几千守军几乎抵挡不住，虎牢城即将被攻陷。忽然，费穆得知元天穆渡河逃跑，顿时泄气，竟然投降了陈庆之。

陈庆之

这就是你的北魏人物。我掉头反击，自铚县至洛阳，共攻取三十二城，大战四十七次，所向皆克。

尔朱荣

好家伙，陈庆之属下七千士兵都穿白袍，战场上非常夺目。洛阳歌谣曰："名师大将莫自牢，千军万马避白袍。"看来我必须亲自斗一斗这位战无不胜、攻无不克的白袍将军了。我整顿军马，直扑洛阳。

陈庆之

元颢称帝后，就想摆脱梁朝的控制。我的副将马佛念劝我杀掉元颢，占据洛阳。但我只有区区七千兵，北魏一旦合力攻我，则必败无疑。这时候，尔朱荣率大军欲收复洛阳，与我隔河对峙。我指挥军队三日十一战，杀伤甚众。

尔朱荣

这白袍将军不是吹的，打得我想逃跑。后来我的属下杨侃和高道穆等人力劝我派兵造筏，抢渡黄河。我思来想去，派尔朱兆缚木筏，偷渡黄河，攻占了洛阳。

元颢

我一看大势已去，赶紧脚底抹油，溜之大吉吧！

陈庆之

元颢成事不足，败事有余。他仓皇逃跑，我只好结阵南还。至此，从前所得诸城，一时又都复降于魏。梁武帝想扶植傀儡政权的想法也付诸东流。

尔朱荣

白袍休走！咱俩大战八百回合！

陈庆之

我不跟你战！保存实力才是最重要的。可是在南归途中，在嵩高山突遇山洪，军士死伤殆尽。我狼狈之间，为当地僧人所救，不得已削发装扮成和尚，只身一人步行逃回梁朝。

尔朱荣

千军万马避白袍，岂料白袍头光了！

萧衍

回来就好，回来就好！侯景叛乱还等着你收拾呢！

明小叔曾经在书中读到这么一段话：“梁时代的政治中由寒门到达显贵的人并不多，然而陈庆之却是这些极少数人中的一个……”虽然如此，但护送元颢入洛，梁武帝仅给区区七千兵马，可见寒门依然不受显贵信任。

最佳吐槽榜单 >

陈庆之

 ××年

这一招就叫作置之死地而后生。学着点儿。

3 喜欢 3 评论

萧衍

我就知道你一定行。

尔朱荣

你别得意。

元颢

哈哈哈，真是快哉！解气！

姓　　名：韦叔裕
生　　卒：509—580 年
出 生 地：今陕西省西安市
民族族群：汉族
朝　　代：北魏→西魏→北周
职　　业：军事家、战略家、将军
大 事 记：玉壁之战、传谣杀斛律光、平尉迟迥叛乱

进入会场

韦孝宽

吐槽榜 016 名 >

更多直播间 >

南北朝时期，北魏统一了北方一百四十八年后，分裂成东魏和西魏。而后东魏变成了北齐，西魏变成了北周。韦孝宽生逢乱世，历北魏、西魏、北周三朝两姓，百战成名，被誉为南北朝第一名将。有请本尊韦孝宽，为我们讲述他的传奇经历！

参加此次大会的还有高欢、宇文邕、杨坚、斛律光、尉迟迥。

历史③太好玩了

高　欢：东魏权臣、北齐王朝奠基人
宇文邕：北朝北周第 3 代皇帝
杨　坚：隋朝开国皇帝
斛律光：北朝北齐名将
尉迟迥：北朝北周大将

韦孝宽

大家好，我叫韦孝宽。说句实在话，我打仗不行，根本没有千军万马中取敌将首级的本领，我最厉害的是进行间谍战和施反间计。

宇文邕

大家好，我是北周武帝。孝宽性格宽厚，甚得人心。

韦孝宽

岂敢，岂敢。我第一次用间谍战，针对的是东魏的牛道恒。当时东魏趁西魏虚弱，蚕食边境土地，同时派遣扬州刺史牛道恒策反西魏百姓。

宇文邕

东魏亡我之心不死。

高欢

我作为东魏丞相，时刻不忘、念兹在兹的就是灭亡西魏，完成北方的统一。

宇文邕

你以为你平定了北魏尔朱荣之乱，别人奉承你，管你叫一声“小曹操”，我们就会怕你？我们有韦孝宽！

韦孝宽

我深知人心向背的重要性，但当时西魏国力赶不上东魏，只能用智。我派遣一个小小的间谍，找来牛道恒的手迹，然后让善于模仿字迹的人伪造一封信，信中的内容是牛道恒希望归顺西魏。为了逼真，我故意把这封信伪造成差点被油灯烧毁的模样。细节决定成败。正因为这封信细节上看不出任何问题，所以东魏将领对牛道恒产生了怀疑。我趁机发动突袭，大败东魏军。

高欢

一个将军，不学人家对阵交锋，专搞一些鬼把戏，算什么本事？

宇文邕

胜利者是不受谴责的，你牛你来！

高欢

来就来！

韦孝宽

我的成名之战是玉壁之战。玉壁是东魏和西魏之间一个重要的军事要塞，是双方向对方发起进攻的咽喉要道。高欢率领大军二十万围攻玉壁，大有吞并西魏之势。我手下只有不到一万的兵力，实力相差悬殊。

高欢

不要慌，我给你尝尝我的五毒攻城计。

韦孝宽

好家伙，高欢真是个厉害的攻城高手，无所不用其极。他在城外筑起土山，欲图居高临下攻击城内。我则增加城楼的高度。土高一尺，楼增两尺，始终压制住对方的高度。高欢又在城南挖掘地道，同时采用声东击西之策攻击北城。我则沿城挖掘壕沟，在东魏军即将破洞而出时主动发起攻击。高欢造“攻城车”撞击城墙，我就用布匹做成帐幔挡在城墙前方，遮挡视线。高欢用火攻，焚烧帐幔，我就割断帐幔，城墙下的大火反而阻挡了东魏军的进攻。高欢筑起堤坝，让流经城内的汾水改道，断绝城中水源。我则发动人力，在城内打井取水。高欢挖了更深的地道，一直到城墙下方，致使城墙倒塌。我则在城墙后方筑起栅栏，挡住敌军攻势。

高欢

我有张良计，韦孝宽有过墙梯。我的攻势面面俱到，结果都被他一一化解。攻了两个多月，我计穷力尽，军队死伤惨重，玉壁仍然固若金汤。

宇文邕

就问你，服不服？

高欢

我急火、怒火一起攻心，又突然有陨石坠落在东魏军营，东魏军士气一落千丈，我也只好退兵。

韦孝宽

退兵几个月后，高欢吐血而亡。之后北齐取代东魏。

宇文邕

北齐不好对付，因为有名将斛律光。

斛律光

让敌人在我面前发抖吧！韦孝宽是我手下败将，你问问他，承认不？

韦孝宽

承认，必须承认！你才是真的名将。后世有一本书叫《射雕英雄传》，说的是宋元之际的故事。其实历史上真正的“射雕英雄”就是你。据我了解，你从小就擅长骑马射箭，武艺高强。十七岁时就生擒西魏大将，箭射飞雕。

宇文邕

可惜他父亲斛律金跟随高欢围攻玉壁，无功而返。

斛律光

北周败在我手下的大将、名将凑一块儿可以去梁山排排座了吧！尤其是那个号称南北朝第一名将的韦孝宽，在我面前也不敢嚣张！

韦孝宽

我服，论打仗，我绝非你的对手。北周受你的侮辱太多了，我跟你对战，也被你好一顿吊打。

斛律光

你不忘记历史，说明你是个有智慧的人！

我的智慧，你还不曾见识呢！北齐皇帝嗜杀荒淫，朝中大臣腐败无能。加上斛律光这个人恃才傲物性情暴烈，不得人心。我利用这一点，再次运用谍战，大行反间计。我让人潜入北齐，散播斛律光要造反的谣言，而且编造了多首歌谣，“百升飞上天，明月照长安”“高山不推自崩，槲树不扶自竖”。这里的“高山”影射北齐皇帝。“百升”等于一斛，暗指斛律光，“槲树”同样影射斛律光。这两句歌谣的意思是：斛律光想要当皇帝，北齐皇帝将要垮台了。结果，北齐皇帝信以为真，下令杀害了斛律光。

宇文邕

我听说斛律光死了，一高兴就大赦天下。如果斛律光还活着的话，尽管韦孝宽算无遗策，恐怕也很难灭掉北齐。

斛律光

唉，要是我在，你做梦也灭不了北齐。这么看来，我还是没有韦孝宽厉害，他虽然战场之上不是我的敌手，但在谋略和计策上，我难以望其项背。

韦孝宽

你也可以了，一个将领，能让对手如此忌惮、敬佩，从古至今，并不多见。

杨坚

大家好，我是隋文帝杨坚，在北周的时候，我就十分信赖韦孝宽，大隋的四大功臣——杨素、史万岁、贺若弼、韩擒虎，都出于他的麾下。

尉迟迥

你这个权臣，篡了北周的政权，还有脸在这儿大言不惭。我就是不明白，韦孝宽怎么会站到你那边呢？

韦孝宽

你这种人，我说了你也不明白。南北朝大分裂时代，战乱频仍，生灵涂炭，人无论南北，都盼着重新统一，结束战乱。我看杨坚有这个能力，而且他为人宽仁，他将来做了皇帝，老百姓一定能过上好日子。所以，我支持他。

尉迟迥

他根本就是个篡逆反臣，我绝不会服他的！

杨坚

韦老，还得麻烦你一趟！

韦孝宽

不在话下。尉迟迥不明大势，是跳梁小丑而已。七月，我出兵怀县；十月，我在邺城大破尉迟迥。只用了三个月，就替杨坚扫平了障碍。

杨坚

同年十一月，一代名将韦孝宽病逝，时年七十二岁。这位老将，不但谋略出众，而且还是个环保卫士。他在担任雍州刺史的时候，尝试用种树的方式代替之前用土堆标记道路里程，每隔一里路种一棵槐树，每隔十里路种三棵槐树，每隔一百里路种五棵槐树，堪称植树造林、绿化山河的标兵。

帅才与将才的区别就在于，帅才要通篇谋划，全域布局，系统化地思考一场战争，而将才则在于攻城略地、冲锋陷阵。帅才在于战略，而将才在于战术。韦孝宽真帅才也，非寻常将才可比。

韦孝宽

× × 年

做戏做全套，任何的蛛丝马迹都可能露出马脚。

 3 喜欢 

宇文邕

学到了！

斛律光

别搞那些虚的，赶紧和我打一架吧。

假如古代名将能吐槽……

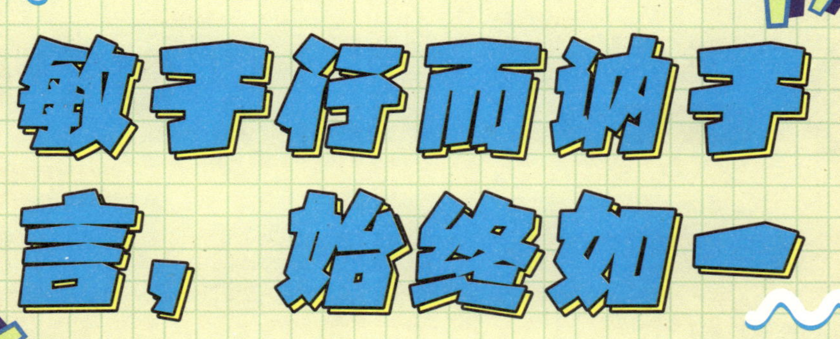

姓　　名：李靖
生　　卒：571—649 年
出 生 地：今陕西省三原县东北
民族族群：汉族
朝　　代：隋末→唐初
职　　业：军事家、将军
大 事 记：灭萧梁、破辅公祏、灭东突厥、平吐谷浑

进入会场

李靖

吐槽榜 017 名 >

更多直播间 >

李靖号称“军神”，可与吴起、韩信等并称，但在历史上的名头却不如卫青、霍去病响亮。要不是有晚唐杜光庭的《虬髯客传》、明代吴承恩的《西游记》、许仲琳的《封神演义》，恐怕他的知名度会更低。这背后有什么原因？有请本尊一吐为快！

参加此次大会的还有李世民、刘文静、红拂女、虬髯客、杜光庭、吴承恩。

历史太好玩了 3

李世民：唐朝第 2 任皇帝，开创贞观之治
刘文静：唐朝宰相、开国功臣
红拂女：出自《虬髯客传》的人物，是杨素家中的歌姬
虬髯客：古代著名传奇小说《虬髯客传》的主角
杜光庭：古代著名传奇小说《虬髯客传》的作者
吴承恩：小说《西游记》的作者

李靖

大家好，我就是李靖，字药师。我生活的时代，正是隋末的大乱之世。我的舅舅韩擒虎乃隋朝四大名将之一，曾经生擒了陈后主。他从小教我兵法，让我对行军作战有了天然的兴趣。

杜光庭

您是我的偶像，在此，请允许我献上我的膝盖！

李世民

你就是《虬髯客传》的作者吗？

杜光庭

正是！因为我太崇拜李靖了，所以我搜集民间资料，写了《虬髯客传》。在我的笔下，李靖、红拂女和虬髯客称为“风尘三侠”，李靖和红拂女还成了夫妻，他们的传奇经历可歌可泣，让人钦敬。对了，我还把您写进去了。

李世民

就是因为你把我写进去了，还写得比较正面，所以才让你出现在这里，否则，你没戏！

杜光庭

那实在谢谢您了，请允许我笔下的两个人物登场，可以吗？

红拂女

你就是靖哥哥吗？

李靖

不要这么叫，要不人家还以为我是郭靖呢，黄蓉会不高兴的！

虬髯客

妹妹还是那么清爽！药师，别来无恙！

李靖

三哥，你这么叫，恐怕黄蓉的父亲也不高兴了。算了，别管了，我可想死你们啦！

李世民

你们先别忙着叙旧啊，这里还有许多观众呢。李靖，你接着说。

李靖

长大后，我决定去长安闯荡。在路上，我遇到了刘文静。他后来是大唐的开国元勋，可当时跟我一样，到处找饭吃。

刘文静

我记得咱们是在风陵渡相遇的，那时我刚从长安回来，劝你不要到长安去，长安没戏。你年轻气盛，非要去闯一闯。

李靖

到了长安，我到杨素府上自荐，费了很大劲才见到杨素。他半卧在胡床上，被抬到会客厅，英雄迟暮。

杜光庭

你跟红拂女就是这个时候认识的。

李靖

我们决定离开长安，浪迹天涯。到了灵石的时候，遇到了我们共同的知己——虬髯客。

虬髯客

我记得清清楚楚，你在酒店大煮羊肉，香飘四溢。我食指大动，止不住涎水，直接奔肉锅而去，大吃特吃一顿。

李靖

不速之客，一脸虬须，大可参加世界胡髭锦标赛，夺个冠军也不在话下。

虬髯客

要不我能叫虬髯客吗？

李靖

你当时不但有虬髯，而且衣着邋遢，不是骑马而是骑驴，进客栈后，将驴拴在桩子上，从驴身上拿下来一个骆驼皮囊，摇摇晃晃地走过来，腰间还插着一把匕首。大概是循着肉味来的，一副几个月不知肉味的模样。

虬髯客

哈哈哈，你说对了。

红拂女

你当时很无礼，想吃肉就说嘛，还搞匪盗那一套干什么！

虬髯客

妹妹有所不知，我当时想抢了羊肉就走，后来就发现你了，

就决定跟你分享羊肉。

李靖

那是我煮的羊肉好吧！

红拂女

应该是咱们三个一起分享。

李靖

从那时起，我们三个惺惺相惜，一见如故，成了异姓兄妹。我买来胡饼和烧酒，三人围坐炉旁，伴着肉香酒香，映着一盆旺火，大快朵颐。

虬髯客

我半生漂泊，孤苦无依，那天感到莫名温暖，大慰平生。

李靖

真侠客也！第二天，我跟红拂女奔赴太原。因为据民间异士说，太原上空有王者之气，我们准备去碰碰运气。

李世民

这都被你们发现了？

李靖

虬髯客不能同行，相约三天之后，太原城外汾阳桥头相见。

红拂女

到了相约之期，三哥虬髯客赶到，样子比灵石结拜的时候还邋遢。

李靖

听说刘文静在太原混得不错，李渊父子都很重视，我们打算去拜会他。

刘文静

你当初要是听我的话，何至于此！我替你们引荐。

虬髯客

现在看来，你不被杨素老匹夫重用，倒是大大的福气！

李靖

李世民神清气爽，龙行虎步，正如朝霞一般，勃然焕发。

李世民

李靖是高人啊，我跟他谈古论今，抒发壮志，不觉日已西斜。

虬髯客

下棋我不是你的对手，我向你推荐我的兄弟李靖，他可以助你成就大业！一天难容二日，一地难容二主，我决定到海外发展了。

李靖

虬髯客刚走，天下大变。李渊在太原起兵，很快就攻克了长安，建立了唐朝。我归到李世民麾下，开始了南征北剿、东挡西杀的征程。我最先平灭的是盘踞江南的萧铣。萧铣认为唐军不敢在雨季东下，就把主力调离防线，到别的地方屯田去了。我兵贵神速，亲自率领两千多艘战船顺江而下，直捣他的老巢，一举灭之。

李世民

李靖在唐朝统一江南的过程中居功至伟，如同军神一般！

李靖

到了贞观年间，我开始了四方征讨的历程。生擒颉利可汗，使东突厥从此一蹶不振；逼迫吐谷浑国王狼狈逃窜，后来自缢身亡。

李世民

我被誉为“天可汗”，都是李靖帮我挣得的。这个天可汗，没有军事做后盾，能立起来吗？

李靖

可是，功劳越大，妒忌的人越多。平东突厥后，御史大夫萧瑀上书弹劾我，说我没能把突厥的珍宝妥善搜集，导致战果散失。言外之意，是说我私吞了突厥的珍宝。平了吐谷浑之后，盐泽道总管高甑生说我谋反。侯君集也因我不肯传授他兵法污蔑我造反。这些我都不想分辩，公道自在人心。

李世民

李靖在朝堂上话很少，我相信他不是那样的人。我父亲曾经怀疑过他，最后发现根本就是子虚乌有。侯君集诬告他的时候，我确实有点怀疑，但后来侯君集谋反，完全把我对李靖的疑虑打消了，他是个大大的忠臣。

李靖

后来我老了，再也打不动仗了。垂垂暮年，只愿跟红拂女老死林下，没有别的追求。

红拂女

可是我的心里一直惦念着虬髯客。

李靖

有一天，太宗召我入宫去，跟我叙叙旧。

李世民

当我见到李靖的时候，感慨良多。堂堂一代军神，平定江南，北逐突厥，西征吐谷浑，曾是多么神武无敌！如今胡须一捧，老态龙钟。自古名将如美人，不许人间见白头。人什么强敌都可以战胜，唯有“岁月”二字，回天乏术！

李靖

太宗告诉我，万国来朝有一件新鲜事。东南大海之上，扶余国战乱不止。忽有一日，有人率领海船千艘，甲兵十万，出其不意，攻其不备，杀入扶余国，处死国王，止住战乱，然后自己称帝，建立新朝。

红拂女

这么说，三哥虬髯客果然在海外立国了？

李靖

是的。你难道忘了，三哥临别时曾说，此后十年，若闻东南海上有异闻，就是他的得意之作。到现在正好十年！

杜光庭

唉，这段是我瞎编的。“风尘三侠”的故事，每每让我落泪。可是我有点想不通的是，我的故事倒是靠谱的，可到了吴承恩的《西游记》里，怎么李靖就成了手托宝塔的天王了呢？吴同学，你过来解释一下！

吴承恩

这可不怪我。李靖太厉害了，后世都要封赠他。尤其是宋朝，先是封为“惠武侯”，后来一路飙升，尊号加为“辅世灵佑忠烈王”。民间普遍建祠祭祀。元朝有一本书叫《乐毅图齐七国春秋后集》，把李靖跟毗沙门融为一体，李靖成为托塔李天王就是从此时开始的。

杜光庭

毗沙门是什么？

吴承恩

佛教中的北方多闻天王，梵名毗沙门，是佛教的护法天神。

掌管罗刹、夜叉，掌擎舍利塔，故称托塔天王。在漫长的岁月中，李靖渐渐和多闻天王融合，成为神祇。

李靖

你们可真能扯！

吴承恩

这不算什么，到了许仲琳的《封神演义》里，直接把你下放到陈塘关当总兵，还给你整了金吒、木吒、哪吒三个儿子，老厉害了！

李靖

安排！

李靖的威名虽然赶不上卫、霍，却是真正的人生赢家。史书载他为人言语木讷，不善分辩。正因为此，他遭受李渊、李世民父子几次怀疑都能安然无事，得以善终，实属传奇。再看他打仗善于出奇制胜，长途奔袭。子曰：“君子欲讷于言而敏于行。”李靖之谓也！

最佳吐槽榜单 >

李靖

× × 年

你们不知道，我有选择困难症吗？

 3 喜欢  3 评论

李世民

闭眼随便挑一个得了！

杜光庭

选我的。

吴承恩

选我的！

假如古代名将能吐槽……

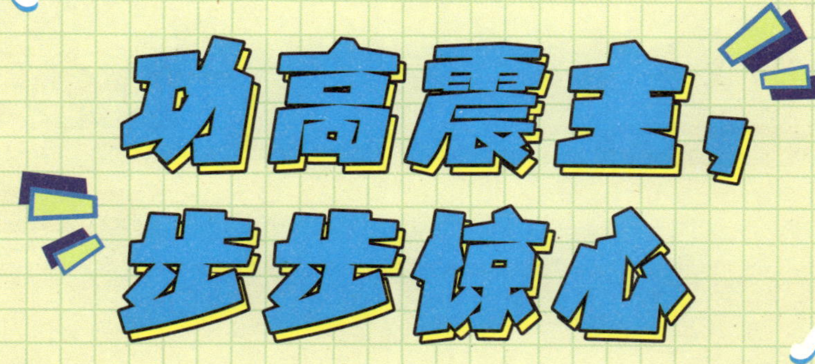

名将　郭子仪

姓　　名： 郭子仪
生　　卒： 697—781 年
出 生 地： 今陕西省华县
民族族群： 汉族
朝　　代： 唐朝
职　　业： 将军、政治家、军事家
大 事 记： 平定安史之乱、抵御吐蕃、回纥

进入会场

感谢你的守护，我感觉安全多了。

我每天生活在水深火热之中。

说我构陷郭子仪的别走，这锅我不背！

我家什么样，我不比你们清楚？

我绝对忠诚！请一定相信我！

郭子仪

吐槽榜 018 名 >

更多直播间 >

当一位名将“功高震主”，下场多半不会好。白起、韩信等人，便因这四个字而死。但也有例外。唐朝汾阳王郭子仪，功高盖世，却能善终，这并不多见。但他真的是“功盖一代而主不疑”吗？恐怕也不是实情。有请郭子仪，吐槽他功比天高却步步惊心的真相！

参加此次大会的还有唐肃宗、唐代宗、鱼朝恩、李光弼。

唐肃宗：唐朝第 8 任皇帝

唐代宗：唐朝第 9 任皇帝

鱼朝恩：唐代宗时期著名宦官

李光弼：唐朝中期著名大将，曾平定安史之乱

郭子仪

大家好，我是郭子仪。大家都知道我，恐怕是因为一出名叫《打金枝》的戏。里面虽然有些戏说，但大体上还算有所依据。安史之乱后，我凭借着功劳，跟皇帝攀上了亲家。我的儿子打了公主，还说出了“你爹做皇帝，是因为我爹不想做，才让你爹做的”之类的混账话，把我吓得脖子后头直冒凉风。

唐代宗

这话原本没错，要不是老郭你嫌做皇帝没意思，这天下还真不是我李家的。

郭子仪

可不敢这么说！我可从没这么想过，我可以对灯发誓。

唐代宗

俗话说“不痴不聋，不为家翁”，小儿女闺帷之言，咱们就一听一乐罢了，何必当真呢，你说是吧，老郭。

郭子仪

您能这么想，当然好啦。世人都说安史之乱后，天下安危系于我一身达二十年。当其时，我老郭“权倾天下而朝不忌，功盖一代而主不疑，侈穷人欲而君子不之罪”。说得跟真事似的，其实都是假的。“主不疑”是不可能的，只不过是我命大，坑都躲过了。

唐肃宗

你也太谦虚了。安史之乱中，你收复两京，战功赫赫。此后，你一手平叛内乱，一手抵御外侵，表现出极高的军事天赋。毫不夸张地说，半个大唐都由你在守护。我曾经说过，大唐虽是我家国，但由你再造！

郭子仪

无论谁当皇帝，都会防范功臣，这是历朝历代的硬道理，不接受任何反驳。

唐肃宗

话没错。君王不猜忌功臣都是假的。安史之乱后，最让我头疼的，不是如何处置这些乱党，而是如何安排朔方军的两名主将郭子仪、李光弼。当时，我曾问李泌：“今郭子仪、李光弼已为宰相，若克两京，平四海，则无官以赏之，奈何？”李泌回答，不要用官位，而是要用土地和爵位赏赐功臣，这样他们会为自己和子孙而珍惜既得利益，不敢乱来。可惜我没那个智慧，也不会玩那个手段。我会玩的，就是有事了就用，没事了就撤。

郭子仪

我因为功大遭忌而被解职，闲置京师三年多。

唐代宗

整个帝国战火纷飞，郭子仪这样的军事奇才却在长安看落日，闲得发慌。即便朝廷有任用，也是用完就召回来，你只能继续看你的夕阳。

鱼朝恩

您终于说了句公道话。世人都把郭子仪被褫夺军职的原因怪到我头上，说我进谗言构陷。当然，我的谗言会起那么一点点作用，但是，皇帝如果不信，我能强迫他吗？

郭子仪

你的脸皮还真是厚。你不但天天说我要造反，而且为了逼反我，还跑到我的老家去，把我的祖坟给刨了。你说，这是人干的事吗？代宗即位后，我以为他不会跟他父亲一样，结果他仍是听信谗言，把我赶去督建皇陵。要不是之后吐蕃进犯，我恐怕要修一辈子坟了。

李光弼

据我了解，代宗即位的几年内，为大唐续命的功臣相继死去。来瑱先遭兵谋，后被赐死；仆固怀恩遭猜忌，被逼举起反旗，很快病死；我也遭受猜忌，终日活在忧惧之中，在徐州病逝……

唐代宗

我也后悔。吐蕃作乱的时候，竟然搞得无将可派，只好请回郭子仪。

郭子仪

你看看他给我的队伍都是些什么素质的！

唐代宗

郭子仪成功解除长安危机，为了褒奖他的战功，我下诏任命他为尚书令。

郭子仪

尚书令这个头衔在唐朝不得了，太宗曾任过此职，以后这个头衔绝少授人。当时吓得我腿都软了。我可不要什么尚书令，给我几个美女就行了。

李光弼

高啊，这是跟王翦学的吧，叫自污。声色犬马，君王就会放松猜忌之心。我怎么就没想到这招呢？

郭子仪

我没办法啊。我为了打消代宗的怀疑，做了不少工作。我的宅子是皇帝赏赐的，面积相当大，占了长安亲仁里的四分之一。但我没有围蔽起来，而是打通放开，无论贩夫走卒，都能出入其间。我那些儿子都不愿意，纷纷抱怨。我每天做他们的思想工作——“你们绝对想不到，世上忌惮或嫉妒郭子仪的人有多少！他们像苍蝇一样，就盯着咱家的缝呢，绝对不能让他们得逞。”

唐代宗

我给郭子仪加官晋爵，他基本上都加以拒绝。我赏给他美女钱财，他却照单全收。他在私生活上极为奢靡，只开宴会就耗钱三四十万，会见客人也要姬妾环侍在旁。史书上称他“侈穷人欲”。

郭子仪

写历史的人哪里知道，饶是如此，我还怕不得善终呢。有一次，宰相卢杞来访，我寻思着要出事。因为一见到卢杞，我就想起一位古人来，一想起那位古人，我的脊背就发凉。

李光弼

你想起了谁?

郭子仪

春秋名人郤克。当时晋楚争霸，晋国不敌楚国，派郤克出使齐国，寻求联盟。郤克驼背，走路一瘸一拐的，还瞎了一只眼。齐顷公见到他，强忍着没有笑出声。齐顷公的老母听说了，也想见一见。结果见的时候，实在没忍住，在帷幕后边大笑出声。郤克认为受到奇耻大辱，拂袖而去，并且扬言誓报此辱。后领兵攻齐，差点灭掉齐国。我晚年的时候，为了让德宗对我放心，每当有官员来访，我总是拉着姬妾来招待客人。可是卢杞来了，吓得我赶紧把姬妾都撤走，因为卢杞跟郤克有的一拼，都是巨丑无比，我怕她们笑出声来。这个卢杞可是著名的奸相，心胸狭窄，党同伐异，迫害过许多忠臣。

千军万马尚且不惧，面对皇帝的猜忌，却如临深渊，步步惊心，不敢掉以轻心，这就是古代政治的残酷之处。

< 发现 **朋友圈** 

郭子仪

×× 年 

···

 唐肃宗

猜忌一旦开始，就不会停下。

 李光弼

果然还是您技高一筹。

 唐代宗

能给的，我都给了。

假如古代名将能吐槽……

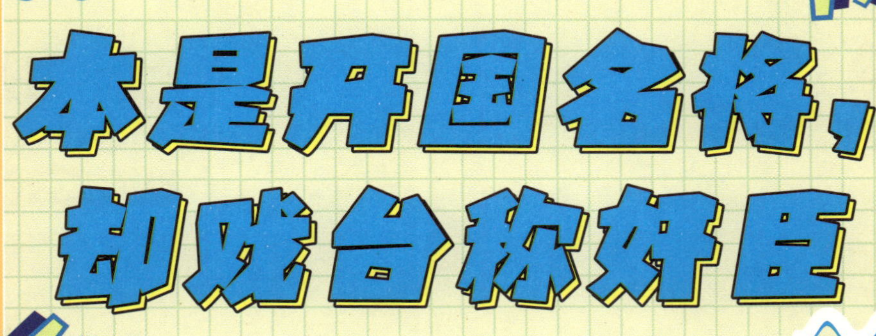

姓　　名：潘美
生　　卒：925—991 年
出 生 地：今河北省大名县
民族族群：汉族
朝　　代：北宋
职　　业：将军
大 事 记：帮助赵匡胤建立宋朝

进入会场

潘美

吐槽榜 019 名 >

更多直播间 >

戏剧舞台上有“三碗酱”，其中一碗就是杨家将。在戏中，杨家一门忠烈，被奸臣潘仁美陷害，死的死亡的亡，引发了世人的愤慨。实际上，潘仁美的原型潘美乃是北宋开国名将。他是怎么背负上杀害杨家将的恶名的？有请本尊一吐为快！

参加此次大会的还有赵匡胤、曹彬、杨业、王侁。

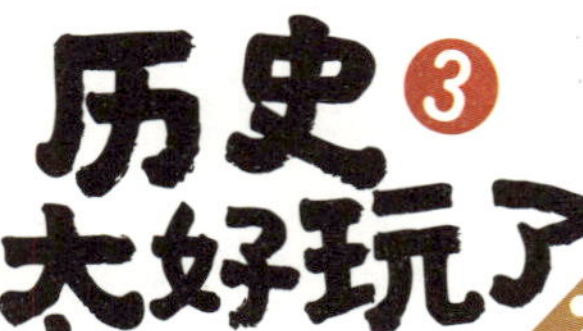

赵匡胤：北宋开国皇帝
曹　彬：北宋开国名将
杨　业：北宋初期名将
王　侁：北宋初期官员，导致杨业战死

大家好，我叫潘美。我本是大宋开国的名将功臣。

爱卿，这个我可以给你做证。后周时，你我同在周世宗柴荣手下任职，被我倚为心腹。陈桥兵变的时候，你就是拥护者之一。宋朝建立后，你屡立战功，先灭南汉，后灭北汉。

就是在灭北汉的时候，我招降了杨老将军。那已是太宗时候的事了。

大宋统一乃是大势所趋，北汉螳臂当车，难以支撑。尤其是失去了契丹人的保护后，北汉很快瓦解。只有我坚守北地，誓死不降。

杨老将军真是好样的，有骨气，能打仗，说啥也不降。没办法，我只得派出已经投降的北汉皇帝去说服他。

杨业

北汉皇帝鼻涕一把泪一把地劝降我，我也感慨流泪，对他拜了几拜，然后投降大宋。

潘美

按理说咱俩有缘分啊，怎么在后世我就成了害你的黑手，而且还有“一碗酱”编派出来，把我写成大大的奸臣，让我遗臭万年？

杨业

我记得你在戏曲中叫潘仁美。潘仁美害死了我的七郎，还害得我在李陵碑前自杀，害得我们杨家一门寡妇……

潘美

岂止如此！我简直成了一个历史反面教材。在戏中，我身为国丈，里通外国勾结辽人，妄图篡夺大宋江山，而且我的一家人都成了小人，成天只做违法乱纪之事，公报私仇，害死了杨家一门忠烈，害得佘老太君百岁挂帅前去御敌，是妥妥的大坏人，卖国奸臣一枚。

杨业

杨家的遭遇就跟你大不相同了。我们杨家一门忠烈，无端还给我增添了几个儿孙，让杨家枝繁叶茂；各地出现很多有关杨家将的旅游景点。

潘美

不仅如此，搞得寇准和八贤王都走到了我的对立面，恨不能分分钟整死我。我这是得罪谁了？竟让我承担如此骂名，把我变得如此不堪。连我看了，都觉得自己不是个人！

杨业

其实这要从一场战争说起。

潘美

难道是宋太宗出兵攻辽？

杨业

然也，其中有一个监军叫王侁，他才是真正的大坏蛋。

王侁

你们吵你们的，跟我有什么关系啊？

潘美

你这么一说，我才醒悟过来，杨业完全是被这个王侁害死的。

杨业

还有宋太宗这个不懂打仗却喜欢打仗的皇帝。

潘美

我记得降服北汉后，信心爆棚的太宗皇帝不顾大宋的实际情况，打算收复燕云十六州。结果北京西直门高梁河一战，遭遇大败。太宗身受箭伤，乘一辆破驴车狼狈逃回。太宗气愤不已，再次命我跟大将曹彬等人分兵三路北伐。

曹彬

大家好，我跟潘美同为大宋开国名将。燕云十六州简直就是大宋的一块心病，国初的每一任皇帝都梦想着收复，但谈何容易！

潘美

刚开始，我所率的西路军收获颇丰，一举攻下了朔州、云州等几个州。

杨业

我就是西路军的主将。

潘美

但其实咱们并没有什么控制权。

曹彬

没办法，大宋立国的时候，太祖因害怕黄袍加身的故事重演，杯酒释兵权，解去了各主将的兵权。然后文官节制武将，出兵要有监军，一下子把咱们的手脚捆得死死的。别说造反了，连正常打仗都费劲。

潘美

没错，这次北征，我虽为主帅，但军队的控制权却在王侁手中。

王侁

我是代替皇帝来监军的，不给我面子，就是不给皇上面子。

杨业

我跟潘将军配合默契，屡立战功，关系融洽。但王侁为了立功，逼迫我出战。而且还设计了一个诱敌之计，潘美和王侁埋伏在陈家谷口，待我引敌退到此处时，以强弩接应。

潘美

不料王侁见杨业未归，竟独自率兵离去，我怎么制止他也不听。剩下我势单力薄，又有掩护百姓的任务，也只好离去。

杨业

正如戏词中所唱，我兵败两狼山，“只杀得血成河人哭马嚎。我的大郎儿替宋王把命送了，二郎儿短剑下命赴阴曹。杨三郎被马踏尸首不晓，四八郎失番营无有下梢。杨五郎五台山学法修道，七郎儿去搬兵凶多吉少令人心焦。只剩下杨延昭随我征讨，可怜他尽得忠又尽孝，昼夜杀砍马不停蹄为国辛劳。可怜我八个子把四子丧了，把四子丧了，我的儿啊……”没办法，最后我只能碰死在李陵碑下。

王侁

整得还挺惨，你的儿子是偷来的吗？

潘美

真不忍心听这段词的后半段啊，都是骂我的，一口一个“贼潘洪”。

王侁

“贼潘洪”是谁？

潘美

就是我。潘洪是我的异名。说实话，杨业之死，我负有不可推卸的责任，毕竟我是主帅，但罪魁却是王侁这个贼子！

王侁

你这不是骂太宗吗？这一切都是太宗造成的。

曹彬

真相是，战后潘美受到降职处分，而王侁受到了撤职并发配的重罚。潘美受处罚后，自感内疚，后来郁郁而终。

潘美

按理说我也算厚道，后人怎么会那么恶劣地编派我呢？

曹彬

你哪里知道，南宋时期比北宋尚且不如，被金人打得满地找牙，半壁江山犹自难保。越是软弱，越需要英雄故事来激励人心，满足一下虚幻的民族自尊心，于是杨家将的故事应运而生。有正面就要有反面去映衬。因此，你就成为被黑的对象。

潘美

为什么不黑王侁？

曹彬

王侁是代表皇帝监军的，黑他就是黑皇帝，不符合“为尊者讳”的潜规则。

潘美

唉！我太冤枉了！

相对于正史，民间自有一套自己的东西与之抗衡，称为稗官野史。稗官野史，与其说是一种史料的私自流传，不如说是一种民间情绪的尽情发泄。两宋外辱严重，大大损害了民众信心，这才是潘美“冤案”的背后黑手。

小剧场

杨
王侁
=
皇帝
冤死我了！

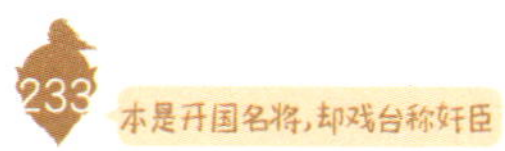

假如古代名将能吐槽……

姓　　名：韩世忠
生　　卒：1090—1151 年
出 生 地：今陕西省榆林市
民族族群：汉族
朝　　代：南宋
职　　业：将军、词人
大 事 记：抵御西夏、抗击金兵

进入会场

韩世忠

吐槽榜 020 名 >

更多直播间 >

韩世忠是抗金名将，他的夫人梁红玉擂鼓战金兵的故事也家喻户晓，但不管他们的故事怎么传奇，依然挡不住南宋偏安一隅的命运。国运如此，名将奈何？且听韩世忠来吐槽他转战一生的心路历程。有请！

参加此次大会的还有梁红玉、秦桧、完颜宗弼、方腊、宋江。

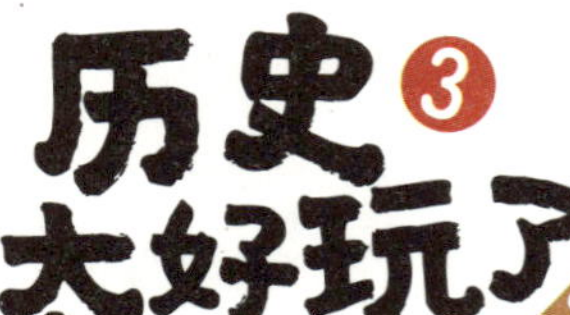

梁 红 玉：南宋抗金名将、女英雄
秦　　桧：南宋初年宰相、奸臣
完颜宗弼：又名兀术，金朝名将、开国功臣
方　　腊：北宋末年农民起义首领
宋　　江：小说《水浒传》里的主要人物之一

韩世忠

大家好，我叫韩世忠。我从小没读过什么书，是个“游侠儿”，最爱打抱不平。我经常去喝酒的一个小酒馆，有一天来了几个恶霸，想吃霸王餐，一看就是故意来捣乱的。我上去就是一顿老拳，打得他们抱头鼠窜。掌柜的对我感激不尽，说以后的酒钱全免。可我还是那句话，有钱就给，没钱欠着。

宋江

你这样的人不来梁山入伙，实属可惜！梁山的大门永远向你敞开，你来了，最次也能排第一百零九把金交椅！

方腊

你搞那一套不行，什么三十六天罡，七十二地煞，容不得外人。韩兄弟，还是到南方来，我的寨子足够多，给你一两座也不算啥！

韩世忠

你们两个强盗头子，我会跟你们混吗？我将来要上战场立功的，开什么玩笑！

宋江

你这话要是当我面说，我保证让我李逵兄弟旋你两板斧！你问问徽宗老儿，服不服？

韩世忠

有本事你别接受招安啊！

方腊

说得好！

韩世忠

十几岁的时候，我去当兵。战绩“辉煌”！

梁红玉

夫君，这块我说！在滹沱河，你“跃马薄敌，回旋如飞”，以五十骑兵击退金兵二千余人；在溶州，你“挥戈力战”，在极端险恶的形势下，突出重围，成功撤退；在赵州，你率三百死士雪夜奇袭敌营，导致“敌惊乱，自相击刺”，敌军统兵将领也在混战中殒命；在济州，你以千余人马力抗金国数万精锐，“单骑突入，斩其酋长”……这样的战功多如牛毛。当然，你还打败了当时盘踞江浙的匪头方腊。

方腊

我是匪头？你说的是宋江吧。我可是堂堂正正的反叛。我不跟某些人似的，占着几个山头，凭着一片水洼，就说什么星辰聚义，替天行道，尽做一些屈膝投降的勾当，想博得一个封妻荫子的结局！

宋江

姓方的，你是说我吗，封妻荫子有错吗，兄弟们跟你混一场，难道非得掉脑袋吗？

方腊

你不掉脑袋，那你上梁山干吗？吃饱了撑的吗？

韩世忠

你们两个别吵了，烦死了！宋江受招安，识时务者为俊杰；方腊不受招安，我可要灭你！

方腊

我自称“圣公”，年号“永乐”，麾下精兵数十万，怕你？！

韩世忠

你倒厉害！那怎么会被我赶到一个山洞里？

宋江

哼，就知道往山洞钻！

方腊

山洞怎么了，冬暖夏凉，地形复杂，易守难攻。朝廷大军敢来，有他的苦吃！

韩世忠

吓我？

梁红玉

我的夫君是位盖世英雄，孤身一人闯虎穴，擒拿方腊，格杀数十人，毫发无损！

宋江

不对啊，方腊不是我兄弟武松擒拿的吗？为此还丢了一条胳膊。我记得这在后世叫“武松单臂擒方腊”。

方腊

你的想象吧，真能给自个儿脸上贴金！就凭小小武松能擒住我？

韩世忠

可惜，功劳都记在了上司头上，没我啥事。

梁红玉

夫君，宋朝的皇帝都这样，不要计较这些。酒照喝，肉照吃，邀功请赏的事，咱别走心！

韩世忠

有这样的夫人，能躲过不少祸患啊！

完颜宗弼

光能避祸吗？

韩世忠

忘了老兄你了，看见你，我突然想起来，我夫人打仗方面并不输于我。

完颜宗弼

你咋不实话实说，我看比你强一百倍！

梁红玉

我的夫君力擒方腊，举世闻名。我就是那个时候仰慕他，来到他身边的。

完颜宗弼

好，英雄美女，惺惺相惜，我就欣赏这样的宋人。那些虚伪至极、沽名钓誉的宋人，我就极为讨厌。

梁红玉

宋人不需要你喜欢或讨厌，有我们夫妇在，你们金人的野心是不会得逞的！

完颜宗弼

那可未必吧。

秦桧

您说得太对了，宋朝根本没有实力抗金，只有求和才能苟延残喘。否则的话，怎么会有靖康之耻呢？

梁红玉

这里哪有你这个大奸臣说话的份儿！

秦桧

大家不是一起讨论嘛？我也有参与的权利！

韩世忠

高宗初立，外有金兵进逼，内有苗、刘之变。定都杭州后，高宗任命王渊为枢密使。苗傅和刘正彦不服，就发动政变，把刀架在高宗的脖子上，逼迫他退位。高宗只好把皇位让给三岁的儿子，并改元“明受”。我当时正在前线抗金，没办法，仗打了一半，只能先回朝灭火。内患平息后，外乱又起。金国宗室大将完颜宗弼率领金兵长驱直入，直抵江淮。

完颜宗弼

如果这次不拿下宋军，我的名字就倒着写。

梁红玉

弼宗颜完，我跟夫君等着你。

完颜宗弼

你倒会听话！我知道你们两口子不好惹，但你们的上司软脚蟹高宗和大奸臣秦桧，我可是有办法要挟的。

秦桧

您太谦虚了，我这样的人还需要威胁吗？我的心永远跟大金站在一起。高宗也是这个意思，只要能让他当稳朝廷的皇帝，您说什么他都答应，我是全权代表。

韩世忠

高宗害怕重蹈父兄覆辙，一口气从杭州逃到明州，再从明州逃到海上，租了几条船在海上办公。我一看，这哪行啊，这还算个朝廷吗？

梁红玉

真要截击金兵，只有一个法子。

韩世忠

什么法子？

梁红玉

敌众我寡，切不可与完颜宗弼正面交锋，我们只有智取。我们可以诱敌深入，把金兵逼进进退不得的死港黄天荡，然后再伺机行动。

韩世忠

真乃妙计，我采纳了夫人的计策，故意布置疑兵，引诱完颜宗弼入坑。

完颜宗弼

我是专门入坑的吗？有种咱们决一死战！

韩世忠

你小子别得意得太早！

梁红玉

我们可以把军队分成两个部分，给金兵造成四面楚歌的假象。我来指挥中军，主要是为了防守，如果完颜宗弼打来，我就命令士兵用枪炮矢石截住他，不让他前进。如果完颜宗弼拿不下中军，他就会带着军队向左右两个方向出击。这时你就带前后两队兵马，只看我的旗号行事。我登上金山击鼓挥旗，我的旗往东，你就往东杀去；我的旗往西，你就往西杀去。

完颜宗弼

你们大宋的男儿呢？

韩世忠

那一天夫人真的是威武！她亲冒流矢，登上金山之巅的妙高台擂鼓指挥作战。三军将士大受鼓舞，勇猛作战，完颜宗弼且战且退，最后退到了死港黄天荡。

完颜宗弼

我完全没想到会有这一出。

韩世忠

完颜宗弼被困在黄天荡，宋兵转守为攻，占据了优势和主动。

完颜宗弼

自从我带兵以来，从未受过如此大辱！

韩世忠

在此，我只想吟词一阕：“万里长江，淘不尽，壮怀秋色。漫说道，秦宫汉帐，瑶台银阙。长剑倚天氛雾外，宝弓挂日烟尘侧。向星辰，拍袖整乾坤，难消歇。 龙虎啸，风云泣。千古恨，凭谁说。对山河耿耿，泪沾襟血。汴水夜吹羌笛管，鸾舆步老辽阳月。把唾壶，敲碎问蟾蜍，圆何缺？”

梁红玉

夫君，不可得意忘形，我们还没有彻底胜利。如今完颜宗弼困在黄天荡，我们何不乘胜追击，不给敌人喘息之机，来个大获全胜，到时庆祝也不迟呀！

韩世忠

完颜宗弼已经是瓮中之鳖，谅他插翅也难飞。我先让弟兄们高兴几天再说！

完颜宗弼

我要学诸葛亮借东风！

秦桧

您正走运呢，借啥来啥！况且高宗指示了，和为贵！

韩世忠

没想到完颜宗弼走了狗屎运，当真刮了一场风，助他逃脱了黄天荡。

梁红玉

我说什么来着？

完颜宗弼

你们堵了我四十八天之久，从战略上来说，已经胜了！

韩世忠

可惜朝廷不给力，一味地对金国求和，使得我们这些主战派失去了用武之地。岳飞被害的时候，我也曾质问秦桧，岳飞何罪？怎奈我也被褫夺了军权，说话也没分量了。我鉴于岳飞的惨痛经历，及早归隐，不问世事，老死江湖。

名将的命运系于时势。卫青、霍去病逢汉武帝，锐意开拓，成一代殊勋；韩世忠、岳飞逢高宗，投降偏安，一隐一死。后世有欲为高宗、秦桧翻案者，不可取也。梁红玉擂鼓战金兵，反映南宋男人无骨气，确然。

< 发现　　　朋友圈

韩世忠

× × 年　　删除　　•••

宋江

兄弟，我等着你。

方腊

兄弟，我和楼上的不一样，咱们应该是一家人。

秦桧

这算不算能者多劳呢？哈哈哈。

假如古代名将能吐槽……

我不过是秦桧的投名状

姓　　名：岳飞

生　　卒：1103—1142 年

出 生 地：今河南省汤阴县

民族族群：汉族

朝　　代：南宋

职　　业：将军、军事家、战略家、书法家、词人

大 事 记：抗金、平灭内乱

进入会场

我就知道你们在等我出场……

秦桧，能别得意了吗？

你脸皮怎么这么厚呢？

岳飞，你竟敢造反？！

有时候人也得学会变通，对吗？

岳飞

吐槽榜 021 名 >

更多直播间 >

靖康之变后，徽钦二帝被俘虏。南宋小朝廷成立，岳飞及岳家军崛起。宋高宗赵构凭借岳家军站稳脚跟，如果他不是个彻头彻尾的投降派，又有一个彻心彻骨投降的秦桧，说不定岳飞真的能直捣黄龙，收复失地。历史没有假设，且听本尊一吐心声。

参加此次大会的还有宋高宗、秦桧、金兀术、万俟卨、韩世忠。

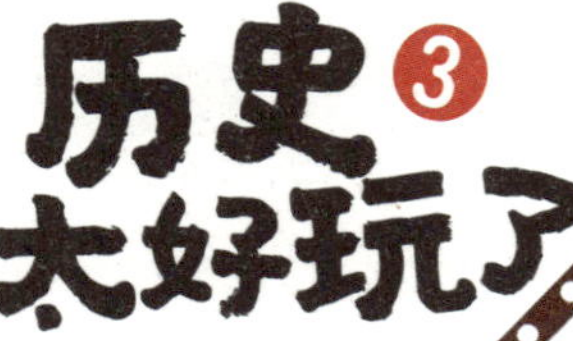

宋 高 宗：南宋第 1 任皇帝

秦　　桧：南宋初年宰相、奸臣

完颜宗弼：又名兀术，金朝名将、开国功臣

万 俟 卨：南宋初年宰相，奸臣

韩 世 忠：南宋名将，抗金英雄

岳飞

大家好，我就是“白了少年头”的岳飞。我的故事被后世改写成“一碗酱”——岳家将，流传很广。我的事迹我不想再说了，但关于我的冤死，我还想谈一谈。都说我是宋高宗赵构害死的，其实这么说不对，直接害死我的人是秦桧，我不过是秦桧给金国的一个投名状。

秦桧

熟归熟，你这么说，我一样会告你诽谤！

岳飞

你省省吧。金人南侵，大宋的大好江山丢了半壁，剩下这半壁还在风雨飘摇中，从上到下，人人自危。想当日，我整顿兵马，归于宗泽老将军麾下，参与收复汴京。黄河以北的义军以及四方勤王部队相继来投，军容雄壮，不下百万之巨。要是当时能够带领一部分军马尾随金兵北上，伺机夺回二圣，收复失地，胜负未可知也。怎奈我人微言轻，不能施行。

宋高宗

迎回二圣，我都没的混了。你咋想的？

岳飞

我当时没想那么多，只想到大宋所受的耻辱。我的方略就是“连结河朔”，然后以之为基地，进攻金国，收复失地。这河朔之地就是黄河以北的广大领土，也是我的桑梓所在。我对河北、幽燕的地理地形非常熟悉，因而胸中有一个完整而又切实可行的恢复河朔故土的计划和步骤。怎奈赵构不是识家！

宋高宗

我能够偏安就不错了！宰相李纲强力主张抗金，当了七十五天的宰相就被我赶下台了。妄谈抗金者，我绝不放过。

岳飞

我绝忘不了老将军宗泽临终之际，吟诵“出师未捷身先死，长使英雄泪满襟”之句，仍然高呼“过河，过河”，没有一言是谈及私事的。我也要学习宗泽好榜样！

宋高宗

岳飞这个人很固执，我迁都临安后，他还想着“抗金，抗金”。我没办法，只能转移他的注意力，让他领兵去平叛。岳飞打仗没的说。在长达数年的剿抚行动中，他先后肃清了多股流民，境内得以安宁。岳家军也逐渐壮大。岳飞的官爵也越升越高，他成为与张俊、韩世忠、刘光世等将领并称的一代名将。

完颜宗弼

赵构一心想偏安，我偏不让他偏安。我向朝廷上表，起大兵南下，陈兵江淮，准备把赵构的小朝廷也收拾了。

宋高宗

好怕怕啊，幸好我还有岳家军。

完颜宗弼

南宋还有能人在。撼山易，撼岳家军难！

岳飞

不是我吹，岳家军最厉害的时候，收复了河朔许多城池，几乎打到燕山脚下。眼看着我“直捣黄龙”的梦想就要成真，谁料想，大事竟然毁于一旦。

秦桧

有我在，你能成吗？

完颜宗弼

秦桧，你行不行啊，可别辜负我对你的殷殷期望。

秦桧

您就瞧好吧。

宋高宗

秦桧跟我一样，都是主张和平的，为了宋金两国的和平，哪怕是每年纳贡再多的布帛银钱，也在所不惜。

秦桧

我制定的投降政策受到了高宗的高度认同，他还把我看作社稷第一股肱，一切对外和谈都交给我去办，并且要求我不惜一切代价促成和谈，达成和平局面。

完颜宗弼

姓秦的，岳家军不倒，和谈是没有希望的。

秦桧

我心领神会，决心要除掉和谈路上最大的障碍——岳家军。于是，我建议高宗，一是让岳家军火速从河朔撤军，二是解除岳飞的兵权。

宋高宗

为了彰显和谈的诚意，我一并将岳飞、韩世忠等主张抗金将领的兵权都解掉。

岳飞

我心怀坦荡，兵权没了，大不了回庐山务农。

完颜宗弼

务农太便宜你了，不除掉你，两国难安。秦桧，你的任务没完成啊！

秦桧

明白，我一定会害死岳飞，让您心安。

岳飞

有人劝我转移家眷，隐居到天涯海角去。可是，我问心无愧，不想东躲西藏。在庐山的日子倒也逍遥。直到有一天，一个叫作杨沂中的殿前都指挥使叩开了我的门，说是岳家军将领张宪、岳云勾结造反，证据确凿，让我到杭州对证。我抵达杭州后，直接被人引到大理寺。这大理寺是审理犯人的最高机构，我顿时觉得不对劲。狱卒带我经过牢房。此时的张宪跟岳云已被施以酷刑，浑身上下血肉模糊。我见了，锥心刺骨，却也无可奈何。见到了御史中丞何铸。他问我为什么要造反？我义愤填膺，脱下上身的衣服，露出以前母亲刺写在我脊背上的四个大字：尽忠报国！说道：“这四个字，可证得我要造反吗？”

万俟卨

审岳飞得我来！岳飞，国家有何亏负于你，你们父子要伙同张宪造反？

岳飞

我绝对无负于国家，你们既是主持国法的人，切不应当陷害忠良。你们如要把我诬枉致死，我到冥府也要与你们对质不休！

万俟卨

人是苦虫，不打不行；人是木雕，不打不招。我看是你的嘴硬，还是我的刑具硬！

岳飞

我到此时才明白，万俟卨是受了秦桧指使，来置我于死地的。我落入国贼秦桧之手，使我为国的忠心一切都休！

秦桧

算你明白！万俟卨大展手段，罗织了更多的罪名和证据，但仍不足以判处岳飞死刑。我的老婆王氏告诫我，捉虎容易放虎难，事到如今，无论如何也要处死岳飞。

万俟卨

秦桧指使我，逼岳飞在事先炮制好的供状上画押。

岳飞

我只写了八个字——天日昭昭！天日昭昭！

韩世忠

他们毒死岳飞，张宪和岳云也被斩首。消息从大理寺传出来，杭州百姓为之惊骇，全天下的百姓都为岳飞喊冤。我也曾质问秦桧，究竟告发岳飞的那些事是不是真的？秦桧支支吾吾，含混答道：“其事体，莫须有！”我愤然：“‘莫须有’三字，何以服天下？”

陈寅恪说：“华夏民族之文化，历数千载之演进，造极于赵宋之世。”但商业和文化的造极，并不能使国运造极，还有赖于军事上的保障和政治上的远见。这两点赵宋都极度缺乏。有一岳飞而不能用，足以证明。

岳飞

× × 年

我不服！你们陷害我！

3 喜欢 2 评论

万俟卨

这……咳，你可知罪？

秦桧

我看你能挺到什么时候。

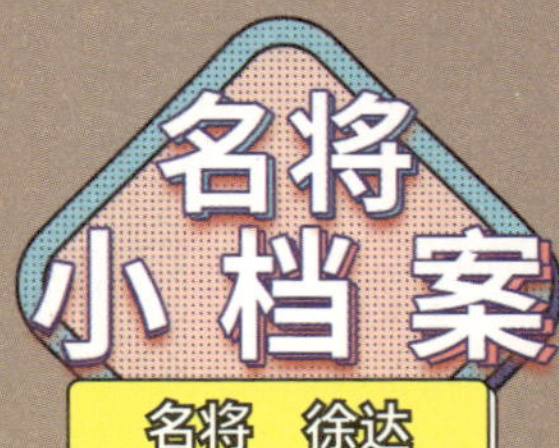

姓　　名：徐达
生　　卒：1332—1385 年
出 生 地：今安徽省凤阳县
民族族群：汉族
朝　　代：元末→明初
职　　业：将军、老师
大 事 记：平陈友谅、灭张士诚、灭亡元朝

进入会场

哟呵，你怎么知道我要来？

那你起个话题，我们陪你聊。

警报！警报！注意王保保！

能不能不要纠结我是怎么死的？

徐达

吐槽榜 022 名 >

更多直播间 >

徐达是明朝开国武将之首，击败陈友谅，消灭张士诚，推翻元朝，横扫北元，深得朱元璋的信任与喜爱，是为数不多的能在朱元璋清洗功臣的运动中幸存下来的将领。徐达为何能够躲过朱元璋对功臣的猜忌和杀戮呢？有请徐达讲述当时的情形。

参加此次大会的还有朱元璋、王保保。

朱元璋：明朝开国皇帝

王保保：蒙古人扩廓帖木儿，元末著名将领

徐达

大家好，我叫徐达。我自幼出身贫寒，跟朱元璋一样都是实实在在的穷苦人。当初，我跟着红巾军首领郭子兴闹革命，分在朱元璋手下。

朱元璋

我看不惯红巾军内斗，就带着徐达等淮西二十四将离开濠州，自立门户。徐达是淮西二十四将之首，打仗是高手，先后协助我克定远、滁州、和州等地，然后挥师南下，渡过长江，攻克采石矶、太平等地，直取集庆。我的地盘巍然扩大，我也成了割据一方的诸侯。

徐达

在平灭了陈友谅和张士诚后，江南已定。朱元璋封我为大将军，常遇春为副将，率领二十五万大军北伐中原。元军一败涂地。朱元璋在南京称帝，建立大明，封我为右丞相兼太子少傅。

朱元璋

明军的北伐似乎很顺利，徐达与常遇春率军屡战屡胜，先攻克汴梁、洛阳等地，安定河南，然后攻克潼关，夺取关中。

徐达

大明平定河洛与齐鲁，元将王保保迟疑观望，李思齐则弃关中西逃。元朝已经没有多少兵力了，我们可以长驱直入，直取大都。元顺帝若弃大都北逃，需要穷追到底吗？

朱元璋

元朝大势已去，将会自取灭亡，无须劳烦大军追击。只需死守边塞，严防元军侵扰就行。要注意王保保！

王保保

我就那么招你恨吗？

朱元璋

我哪里会恨你，我爱你还来不及呢。如果问我最想得到的男人是谁，一定是你王保保。

王保保

唉，我自幼熟读历史，深知元朝之衰亡并非义军之过，而是朝政之失，因此我在平定中原之后并没有大举南下，而是积极参与了元廷的党争。我要纠正朝廷之失。

徐达

可惜，生不逢时。当时，元朝还存在另外一支强大的势力，是为孛罗帖木儿父子的大军。王保保雄踞东边的河南、河北，而孛罗帖木儿占据了山西、甘肃等关中之地。两军阵势都十分浩大，并且双方的实力也同样强横，一时之间斗得头破血流。要不是这样，明军的北伐不会这么顺利。

朱元璋

元朝的内斗，最后还是以王保保胜出而告终。

王保保

我坐稳自己的位置之后，就开始了北伐南进。当时朱元璋已经收服了陈友谅与张士诚的势力，统一了南方，无论是军力还是民心，都远远超过了元朝。当大将军徐达攻破了元大都时，我则护送元顺帝北上。

徐达

我多次深入漠北追杀元朝残党，结果都败在王保保手中。有一次，我率领十五万明朝大军兵分三路，深入漠北，结果中了王保保的诱敌之计，明军大败，只得退出漠北，回到中原。

王保保

你们的打法在我看来都是小儿科。

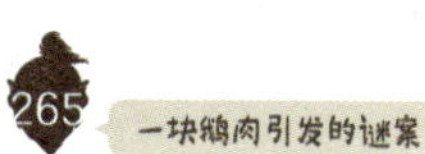

朱元璋

我很早的时候就派人前去说降王保保，但无论我派什么人，表现得多么有诚意，王保保都断然拒绝，甚至还斩杀了我的信使。

王保保

正所谓“得不到的才是最好的”，说的就是你吧？

徐达

不过你不识时务，不懂大势，最终也挽救不了元朝的命运。洪武三年，你领兵侵扰兰州，我前往征讨。咱们在沈儿峪相遇，结果我大胜，你大败。你说你为什么会败？

王保保

难道是你变得聪明了，会打仗了？

徐达

非也。是元朝气数已尽，大明如日中天！那一场战斗是国力比拼，而非战将之间的智力拼杀，所以你会败。

王保保

我咋就不信这一套呢。你忘了洪武五年，你再次领兵攻入漠北，为我击败，北元又夺回了河西走廊。

朱元璋

你俩别争了，都是当世名将，谁也不比谁差，各为其主而已！王保保一生不为我所用，真乃憾事！

王保保

我并不觉得遗憾，因为给你打天下的人，后来都被你害死了。我还庆幸没跟你混呢！

徐达

这不是事实。我就没被害死！

王保保

不是说你背上发疽，害怕吃鹅肉，朱元璋赐给你一块鹅肉，把你害死了吗？

朱元璋

谁这么栽赃我啊，我杀了他！

徐达

事实上，我并没有被害死，而是病死的，这不能冤枉老朱。

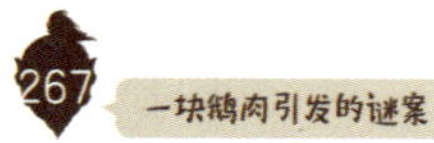

不可否认，“胡惟庸案”让明朝半壁江山都泡在血水里，“蓝玉案”差点把大明功臣一网打尽，我却幸免于难。吃鹅肉病发而死，那是野史的说法，不足为信。

朱元璋

徐达虽然功劳很大，但从不结党营私，也没有超越其本分，他是一个十分谨慎的人，并且颇有城府。徐达的子孙也没有骄横跋扈的，所以，我没有杀他的理由。

徐达

一块鹅肉真的能要人命吗？看来我得找人把这事儿问个清楚明白。

朱元璋屠戮功臣，手段固然血腥，却是不得已而为之。徐达作为第一功臣能够幸免于难：一则在于他的情商很高，没有引发朱元璋很大的猜忌；二则五十几岁就死了，及时躲过了血雨腥风。何其幸也，又何其不幸！

不是说朱元璋赐你一块鹅肉，然后你就死了？

谁敢造谣，我杀了他！

野史说法不可信。

假如古代名将能吐槽……

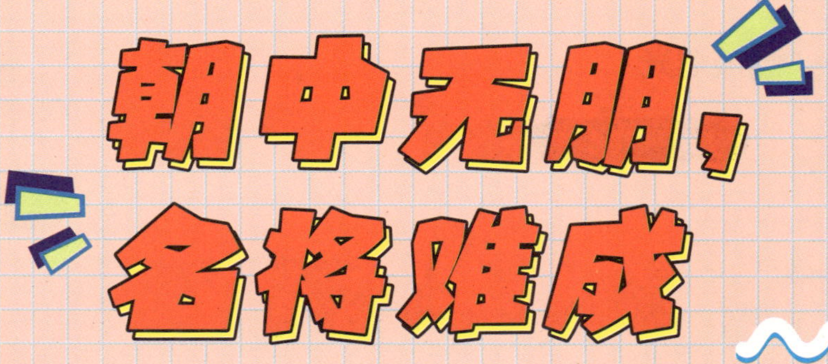

姓　　名：戚继光
生　　卒：1528—1588 年
出 生 地：今山东省蓬莱市
民族族群：汉族
朝　　代：明朝
职　　业：将军、军事家、书法家、诗人
大 事 记：南平倭寇、北御蒙古

进入会场

改革不是那么好操作的。

感觉戚继光被盯上了……

不去做，怎么知道行不行？

身正不怕影子歪，有本事放马过来！

戚继光

吐槽榜 023 名 >

更多直播间 >

明朝中后期，倭患肆虐，残害百姓。明廷北御鞑靼，南抗倭寇，涌现出了戚继光这样的名将。但自古打仗都不是单纯的军事较量，后面隐含着十分复杂的庙算，其中尤以时局和高层的意志为主导。戚继光抗倭的背后有着怎样的利益纠葛，且听本尊一吐为快！

参加此次大会的还有胡宗宪、谭纶、张居正。

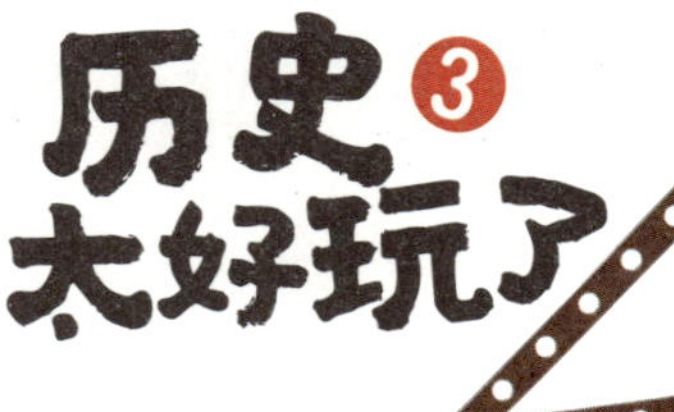

胡宗宪：明朝嘉靖时期名臣

谭　纶：明朝抗倭名将

张居正：明朝政治家、改革家

戚继光

大家好，我就是戚继光。十八岁时，我作诗称，“封侯非我意，但愿海波平”，可见我的志向在于疆场之上。我继承父亲的军职，在登州负责屯田事务。登州是沿海重镇，守军却贪腐横行。我上任之后，厉行整饬，但收效甚微。

胡宗宪

明军的腐化也不是一天两天了。历来改革者，都不易下手，因为既得利益者不会让你得逞。谁愿意让你动他们的奶酪呢？

戚继光

但是不改革，明军谈何战斗力？

胡宗宪

腐化由来已久，实难撼动。

戚继光

我想走科举的路子，却没有考运。虽说中了山东武举人，但去北京参加会试的时候，名落孙山。恰好赶上蒙古俺答入侵大明，进逼北京，我们那帮参加考试的武举人被朝廷组织起来，参加了北京的防御工作。

张居正

你那篇《备倭答策》就是这个时候写的吧，写得真好，将来一定是国之大才！

戚继光

北京防御战后，我被分配到蓟门边境，担任巡哨职务，一干就是三年。后来到浙江去，依旧屯田。我心里还是想革除弊政，可一想到胡宗宪的“动奶酪说”，就觉得心灰意冷。

张居正

大明朝到了该改一改的时候了。

胡宗宪

不改的话，靠什么跟倭寇战呢！我到浙江之后提拔戚继光为参将，成为我的左右手。

戚继光

那一年，我二十七岁，踌躇满志，意气风发。我刚上任一个月，倭寇也来了。龙山之战，再次暴露了明军战斗力低下的状况——他们连败退的倭寇都不敢追杀，要不是我擒贼擒王，射杀了倭首，明军必将一败涂地。当时我心里涌现出一个想法，必须组建和训练新军。

胡宗宪

正合吾意！但是，明军沉疴难起，积弊由来已久，不是一朝一夕能革除的，况且阻力重重。还是那句话，你的军事改革思想，动了太多人的“奶酪”！

戚继光

那就另募新兵。十室之邑，必有忠信，堂堂全浙，岂无材勇！在胡宗宪的支持下，我在义乌招募了一支三千人的军队，按照营、官、哨、队四级进行编制，队是基本战斗单位。队员各用其所长，配合作战，攻守兼备，进退灵活，这种战斗队形能分能合，称为“鸳鸯阵”。在极为严格的魔鬼训练中，新兵每天都遍体鳞伤。几个月过去后，他们练就了高超的武艺，胆子也大了起来，这就是“戚家军”的雏形。练好后，我把他们拉到战场小试牛刀，便取得了台州大捷！

胡宗宪

台州大战中，戚家军使用了火器、藤牌、伏击、仰攻、鸳鸯阵等多种武器及战术，一举歼灭倭寇一千多人，使得侵袭台州的倭寇遭到了毁灭性打击。

谭纶

北方边境蓟辽两镇也需要戚继光这样的将领！这里是抗击蒙古的前线，防御力量薄弱。我作为蓟辽总督，上书要求戚继光北上练兵。很快朝廷任命戚继光驻守蓟州，总理蓟州、昌平、保定三镇练兵事，后来兼任蓟州、永平、山海等地方总兵官，专门负责蓟州地区防务。

张居正

戚继光初调蓟镇时，就提出了“练兵十万”的构想，然而被文官们骂得狗血淋头。我力排众议，支持他训练七大车营，以强大的战斗力与精良的装备，打得昔日嚣张的鞑靼各部叩关请降，乖乖做起了大明朝的臣子。

谭纶

在以文制武的大明，这样一个武将执掌了国家精锐，那还了得！如此精良的军队放在蓟州，年年得花多少钱，不打仗岂不是白花钱？你戚继光把钱粮都花在装备训练上，大家还怎么吃空饷扣军粮？一个戚继光在，断了多少人的“好处”？

胡宗宪

无奈啊。我们领兵打仗的，其实打的是国策。就拿我来说，我是严嵩的学生，按理说我自然也是大奸巨恶之流，可是，严嵩父子从来不干扰我打仗，反而对我的要求一概支持并尽量满足，所以在腹背受敌的情况下，我依然能在东南击退倭寇。戚继光也一样，有以张居正为首的朝廷重臣支持，各种处置都能

尽快达成，才保证了抗倭的胜利。如果真的以为是自己能战、明军能战那就大错特错了。

张居正

胡宗宪，高人也！

戚继光

是的，没有首辅张居正的支持，我打起仗来也必将畏首畏尾，胜算大打折扣。

张居正

放心，我一天在任，你就放开了打，没人敢掣肘！

谭纶

戚继光还有一段带病吓退蒙古兵的传奇呢。想当初，蒙古朵颜部族的酋长董狐狸进犯榆木岭、青山口，被戚继光设伏活捉。后来双方讲和，戚继光放走董狐狸。过了几年，戚继光染病在床，三屯营守军不足两千。董狐狸想要报复，率领五千精兵进犯。戚继光拖着病躯，披挂登上西门，坐在城楼，静候董狐狸到来。董狐狸来到城下，见到戚继光披挂鲜明，城上旗帜飘扬，弓箭、大炮一齐对准蒙古精兵。董狐狸慌了，下令迅速撤退。

张居正

这不是明朝版的空城计吗？

戚继光

雕虫小技而已。

谭纶

可惜，首辅张居正一死，戚继光这颗将星就失去了光华。

张居正

我作为首辅，励精图治，实施一条鞭法，让大明国库充裕。这是保证戚继光打胜仗的大前提。没钱还能打仗吗？在我的努力下，万历中兴差强人意。可是，我死后不久，就遭到了万历帝和反对派的清算。

戚继光

说起清算，我们这些活着的人，跟您关系密切的，被作为您的一党而躺枪。我首当其冲，在莫名其妙挨了一连串骂后，被平调成了广东总兵。

谭纶

谁也忘不了戚将军离开的时候，蓟镇的市民罢市，男女老幼们流着眼泪出来道别。真可谓“谁把旌麾移岭表，黄童白叟哭天边”。老少爷们齐抹泪，依然留不住这位大英雄。其苦心打造的七大车营，之后的几年里裁的裁撤的撤。昔日精良的武器装备，竟都扔在仓库里发了霉。战场上“吊打一切”的戚家军，竟以这样的方式悄然隐没在历史长河里。

戚继光

还不止这些。我平调广东七个月后，身为贵州总兵的弟弟戚继美被莫名其妙免职。我在广东总兵任上受尽了排挤，要兵没兵，要钱没钱，也只能埋头整理书稿。纵使如此，仍然难免被清算。万历十三年，我被免掉广东总兵的职务，回到老家。家中一贫如洗，只剩一屋书，我生病了连药都抓不起。如此苦度三年，惨不忍闻。

谭纶

万历十六年，随着“鸡三号，将星陨矣”，戚继光过世，享年六十岁。明军从此加速没落。大明的总兵、将军们，“奶酪”越捞越多，仗却越打越糟，直到内外交困，坠入灭亡的深渊。

张居正十多年如一日的鼎力支持，成就了戚继光一代名将的光辉。戚继光治军之能，后世之师。晚清曾国藩练湘军、李鸿章练淮军、袁世凯练北洋新军，皆脱胎于戚继光。一代名将，成为政治斗争的陪葬，惜乎！明实亡于万历，良有以也。

戚继光

 × × 年

老百姓和我真是依依惜别呀！

 3 喜欢 

谭纶

张居正要是还活着……唉！

张居正

姓谭的，你几个意思？

胡宗宪

楼上能不能安静会儿？快看看主图多感人。

假如古代名将能吐槽……

姓　　名：袁崇焕
生　　卒：1584—1630 年
出 生 地：今广东省东莞市
民族族群：汉族
朝　　代：明朝
职　　业：将军
大 事 记：宁远、宁锦两次大捷、杀毛文龙

进入会场

袁崇焕

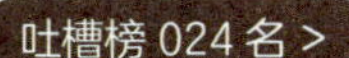

更多直播间 >

明末东北女真崛起，明朝面临着“外有女真，内有闯王”的双重危局。崇祯帝在位十七年，换相十九任，实在乏善可陈。有一袁崇焕而不能用，自毁长城，明朝不亡而何？袁崇焕蒙受巨冤，内心之凄苦可想而知。有请本尊一吐胸中块垒！

参加此次大会的还有崇祯帝、努尔哈赤、皇太极、孙承宗。

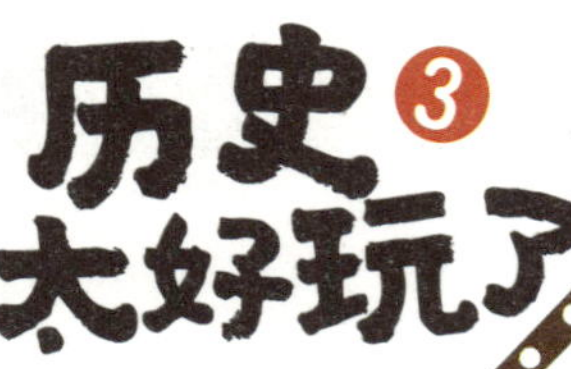

崇 祯 帝：朱由检，明朝的最后一任皇帝

努尔哈赤：后金的建立者

皇 太 极：清太宗，清朝的建立者

孙 承 宗：明末爱国将领

袁崇焕

大家好，我就是袁崇焕。在我出生的前一年，努尔哈赤以十三副遗甲起兵。之后他统一女真各部，建立后金，公开造反。万历四十七年，萨尔浒大战爆发。同一年，我考中进士，出任邵武知县，途中听说萨尔浒一役明军全军覆没，心中痛苦万分，没想到大明竟然如此不堪一击！努尔哈赤如此猖狂，我正欲杀敌报国，不想却被派往东南地区的一个小县，当一个无聊的芝麻小官。

孙承宗

熹宗继位后，魏忠贤用事。天启二年，我被任命为辽东督师。这几年来，明军在辽东一败再败，覆亡军卒数十万，丢失了抚顺、开原、铁岭、沈阳、辽阳等战略要塞，防线撤至山海关。我心里发急，因为一旦清兵突破了山海关，就可以长驱直入，围困北京了。

袁崇焕

我利用到北京述职的机会，到辽东战场上考察了一番。触目所及都是疮痍、鲜血、苦难和啼哭。我暗下决心，只要有我在，绝不容许努尔哈赤的铁骑在大明的土地上横行无忌！

皇太极

你可真是胆大，你就不怕被清兵捉到吗？

袁崇焕

你还是小心你自己吧，因为我很快就要吊打清兵了。

皇太极

你好大的口气，你这么说话，不怕风大闪了舌头吗？

袁崇焕

别不服，我打仗的能力，你父亲最有发言权。

孙承宗

我也有一定的发言权。你曾经放出豪言，只要给你足够的粮饷兵马，你一个人就能守住山海关。我寻思，那你就去吧，是骡子是马，牵出来遛遛。

袁崇焕

孙承宗派我去守宁远。宁远是个小城，却是整个辽东战场的一个关键点。我把宁远打造成一座固若金汤的城池，就等着努尔哈赤前来挑衅。努尔哈赤，你来说说，你怎么就打了败仗了？

努尔哈赤

不带这么羞辱人的。唉，我亲率大军二十余万攻打宁远，竟然损失惨重，最终不但没能拿下宁远，自己还身负重伤。我自起兵以来，可以说战无不胜，攻无不克。为什么单是宁远一城就打不下来？

皇太极

我父亲宁远战败后，伤势一直未愈，后死于返回沈阳的途中。他英雄一世，熊廷弼、王化贞、袁应泰……谁都不好使，唯独袁崇焕一来，我父亲的神话就破灭了。

袁崇焕

我早就说了，我是努尔哈赤的克星！

孙承宗

努尔哈赤死后，皇太极继承汗位，改国号为清。由于努尔哈赤新死，清朝内部人心动荡，皇太极的权位很不巩固，为此，皇太极只能跟大明议和。

袁崇焕

此时大明也需要和平一段时间，以便修复战争的创伤。于是，我赞同跟皇太极议和。结果，引发满朝大臣的不满。我坚持议和，但双方就议和条件怎么谈也谈不拢。

皇太极

我非常着急，决心以战求和。我派兵攻陷大凌河、小凌河两个要塞，做出进攻锦州的姿态。

袁崇焕

我绝不惯着皇太极，当即决定迎头痛击，取得了宁锦之战的胜利。

孙承宗

怎奈阉党专政，竟以“宁锦大战中表现暮气沉沉，辱没大明威严”为名弹劾袁崇焕，导致他无奈称病回乡。

崇祯帝

袁崇焕的无奈是暂时的，因为很快我老哥就呜呼哀哉。我即位后，大力整饬阉党，召回抗清神将袁崇焕，升他为兵部尚书，负责督师蓟辽。

袁崇焕

我回到北京后，受到了皇上的召见。我献上五年平辽的方略，皇上很欣赏。可说实话，五年平辽不过是我随口一说而已，因为我不忍看到皇上因辽事而担忧，想安慰他一下。

皇太极

你死都不知道怎么死的，皇上随便哄一下就行了吗？

袁崇焕

我当时也没考虑那么多。为了平辽，皇上对我言听计从，还赐给我尚方宝剑，让我有便宜行事的权力。虽然如此，但我也表达了我的担忧——以我的力量，平辽绰绰有余，但事权一专，诽谤就来了。我不怕清兵，却害怕谣言害人。

孙承宗

真不幸，袁崇焕一语成谶。东江总兵毛文龙飞扬跋扈、横行无忌、难以节制，不仅如此，他还交结阉宦，做清朝的内应。对于这样的小人和汉奸，袁崇焕毫不犹豫就给杀了。

崇祯帝

袁崇焕擅杀毛文龙，事先连个招呼都不打，简直岂有此理，他眼里还有我这个皇帝吗？

袁崇焕

糊涂的皇上，不杀毛文龙，我怎么统一事权？整个辽东都归我统一指挥，才是我平辽方略成功的根本。

崇祯帝

我最受不了的还有袁崇焕动不动就管朝廷要银子，户部没钱，他竟然管我要内帑，那可是我自己的钱，不是国家的钱！

皇太极

真可笑。

袁崇焕

皇上舍不得内帑，士卒怎么为国舍命？

崇祯帝

若是动不动就来请发内帑，各处边防军都这样，这内帑岂有不亏空的？这个袁崇焕真是讨厌得很！

袁崇焕

就在我们君臣之间“斗智斗勇”的时候，我忽然发现大明国防上的一个漏洞。虽说山海关一线固若金汤，可西路蓟门关一路却疏于防范，若皇太极引兵从西路来攻，北京危矣。于是，我建议皇上加强西路防守。皇上明显在跟我置气，不愿意采取行动。在我几次三番的催促下，他才下旨，酌情办理。

皇太极

还酌情办理，你以为是请客吃饭啊。我瞅准机会，亲率十万大军从西路杀来，包围了北京。

袁崇焕

一切正如我所料，可我也不能看热闹啊。我立即兵分两路，北路派镇守山海关的赵率教带骑兵四千西上堵截；我率祖大寿、何可纲等大将从南路西去保卫北京。

崇祯帝

到了这个份儿上，我不想掏银子也不行了。我任命袁崇焕为各路援军总司令。但他的部队打算入城的时候，我拒绝了。清兵围城，人心不稳，我可不敢再让袁崇焕的兵入城。

袁崇焕

火烧眉毛了，还在怀疑我！

皇太极

袁崇焕杀到的时候，清兵就顶不住了，溃退了十余里，杀得运河边上血流成河。我真是又恨又佩服，十几年来，从未遇到过这样的劲敌！

袁崇焕

我杀皇太极一个措手不及，侥幸取胜。要想真赢，还得坚壁清野，等待援兵聚集齐了才能决战。

崇祯帝

袁崇焕按兵不动，任由清兵在城外横行，意欲何为？难道这个袁崇焕已经变心了吗？想篡位吗？想胁迫我答应议和吗？你从前不断和皇太极往来书信，到底有什么密谋？你为什么一早就料到清兵要从西路来攻北京？……

袁崇焕

您的疑心都是从哪儿来的？

皇太极

看得出来，此时的崇祯就想杀袁崇焕了。正好我给他的猜疑之心加加码！我派人散播谣言，袁崇焕不肯出战是别有用心，目的是胁迫皇帝接受他一向主张的议和，而且清兵都是袁崇焕故意引来的。

袁崇焕

好家伙，皇太极大行反间计，搞得我百口莫辩。关键是皇上真信了。

皇太极

这才哪儿到哪儿，后边还有大招呢。我们捉到明朝两个养马的太监，把他们关押起来。然后安排人故意在他们的旁边高声“耳语”，“皇上和袁督师已有密约，大事不久就可成功”。这两名太监将此话听得真切。我又故意放走他们，让他们去给崇祯报告。

袁崇焕

糊涂的皇上不问青红皂白，让我进宫回话，没问几句，就喝令武士将我逮捕。然后判处我磔死之刑。磔死就是凌迟，又叫剐刑。真狠啊，难道皇上就这么恨我吗？

崇祯帝

我也是一时情急了。

皇太极

世上没有后悔药吃。说句心里话，害死袁崇焕，我心里也大感可惜，但是没办法，不除掉他，我大清永远不可能叩开山海关的大门，永远是个地方政权。为了大清入主中原的梦想，纵然有一千个尊敬一万个不忍，我也务必要除掉袁崇焕，而且会不择手段！还好，崇祯帝和明朝的老百姓都肯跟我同心合力，一起害死了袁崇焕。

崇祯帝

听说袁崇焕受刑的时候，老百姓纷纷扑上去咬他的肉。袁崇焕死后，骸骨无人敢收。我忽然觉得草率了，杀死了袁崇焕，辽东的事谁来管呢？

皇太极

你自毁长城，自食恶果。失去了袁崇焕把守的山海关对我来说不过是一道可以轻易跨过的小门，而煤山上种植的歪脖槐树已经为你生长了坚实的枝干，等着你连同你的大明一起吊死！

英雄枉死，乃是一个国家最大的悲剧。袁崇焕的铁杆“粉丝”程本直曾说：“袁公一大痴汉也。”因为临死之时，他曾作诗：“一生事业总成空，半世功名在梦中。死后不愁无勇将，忠魂依旧守辽东。”如此痴，让人神交不已。

< 发现 朋友圈 

袁崇焕

117 年前 删除 •••

崇祯帝

吓死我了~~

假如古代名将能吐槽……

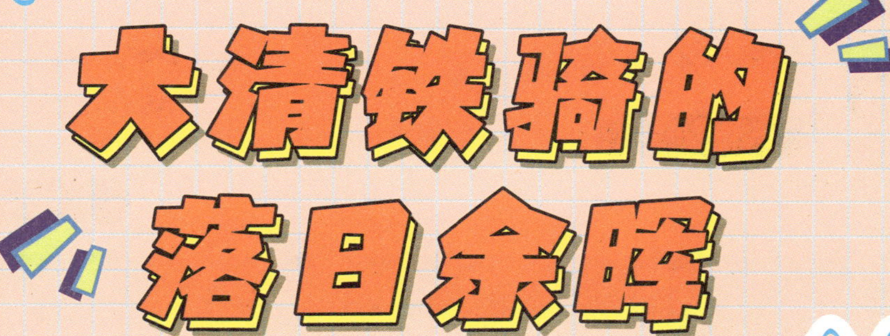

名将　僧格林沁

姓　　名：博尔济吉特 · 僧格林沁
生　　卒：1811—1865 年
出 生 地：今内蒙古自治区通辽市
民族族群：蒙古族
朝　　代：清朝
职　　业：将军
大 事 记：击溃太平军、击败英法联军

进入会场

僧格林沁

吐槽榜 025 名 >

更多直播间 >

晚清时期，大清帝国的统治，内有太平天国和捻军起义，外有与列强的持续冲突，处于风雨飘摇之中。来自蒙古的军事贵族僧格林沁，作为大清八旗兵和绿营兵的最后尊严，发出了短暂的回光返照式的光芒。但这种光芒稍纵即逝，永归于沉寂。有请僧格林沁讲述这段不平凡的历史。

参加此次大会的还有咸丰帝、曾国藩、张皮绠。

咸丰帝：清文宗，清朝第 9 任皇帝

曾国藩：晚清名臣，湘军首领

张皮绠：杀死僧格林沁的人

僧格林沁

大家好，我是僧格林沁。我出生于内蒙古科尔沁左翼后旗，我的父亲是蒙古族没落贵族。年少的时候，我的伯父帮我搞到一次承袭郡王的机会，于是我来到北京，成为帝国骑兵部队中的一员。太平天国起义爆发后，大清朝的半壁江山被太平军席卷。太平军将领吉文元、林凤祥和李开芳领兵北伐，直指京师。我临危受命，率领八旗军和绿营兵组织防卫。

曾国藩

你们这些八旗贵胄，平日里养尊处优，打起仗来还上得了马，拉得开弓吗？

僧格林沁

老曾，别以为你在南方打了几个胜仗，就搁我这里耀武扬威的，我向来不服你们这些汉臣，你们想当大清的家，做梦！有我一天在，你们团练的那些兵勇也休想当正规军！

咸丰帝

僧王，我支持你。我让曾国藩在江南用兵，也是不得已啊。你说这是什么世道，轮到咱们向汉臣求援了，世道真是变了！

曾国藩

咱们别斗嘴，战场上见真章！

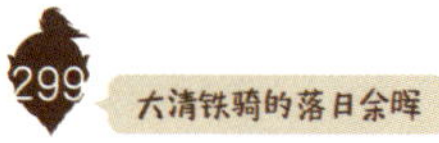

僧格林沁

哪儿都不怕你！我带领的八旗骑兵在阜城大败太平军。击毙吉文元后，又在山东俘获李开芳，彻底击败了太平天国的北伐军。请问在江南曾被太平军打得落花流水的曾剃头，你服不服？

曾国藩

胜败乃兵家常事，最重要的是取得最后的胜利。

咸丰帝

僧王真是我大清的战神啊，这说明我大清的八旗子弟和绿营兵并非世人说的那样不堪！有了僧王的铁骑，我就不用担心曾国藩有异心了。

曾国藩

老臣并无二心，只不过是看不上这些满蒙王爷那副臭烘烘的傲慢姿态。老僧能取胜，说实话真不是他特别能打，只不过是太平军擅长山地战，遇到老僧这些骑兵有点不知所措，才吃了败仗。下次再遇到，可就没这么便宜了。

僧格林沁

来一个收拾一个，来一窝收拾一窝！

曾国藩

别吹牛！

僧格林沁

我不光能对付太平军，我还能对付洋人。老曾，这你就不行了吧。你打太平军还得勾结洋人呢，咱可不搞摇尾乞怜那一套。第二次鸦片战争时，英法攻破大沽炮台，咱们签订了屈辱的《天津条约》。之后我受命重组大沽口的防御设施。我到任后建造防御工事，整肃军纪，增添水师与大炮。大沽口的驻军，在我的整治下焕然一新。洋人来犯的时候，我给他们迎头痛击，取得了两次鸦片战争以来对洋人最大的胜利！

咸丰帝

我虽然吓跑了，可依然为你的英勇善战点赞！

曾国藩

真能吹！我可听说，你袭击的是一个外交使团，是来跟咱大清商谈履约事宜的。

僧格林沁

甭管什么使团，是洋人就对了，洋人都是要对大清不利的。你怎么老是胳膊肘往外拐，向着洋人说话！

曾国藩

莽夫！我只能用这个词形容你了。因为你鲁莽的一次偷袭，招来了英法两万武装力量的报复。据我所知，你在其后的八里桥大战中，几乎使出了毕生所学，但你麾下的蒙古骑兵还是被英法联军打得灰头土脸。

僧格林沁

唉，人有走眼，马有失蹄。八里桥一役，崴了，都怪我招募了一群新兵。这些后生不仅不是洋人速射炮与空心方阵的对手，连先祖引以为傲的骑射技巧都非常生疏。我发现英法两军之间的空隙，想要发起穿插包抄，却被训练有素的近代化军队击溃。

曾国藩

悲哀啊！一年前堂堂僧王靠突袭获得的短暂胜利，在圆明园熊熊燃烧的烈火中化为烟尘。你看看我在江南打了几个漂亮的翻身仗，湘军的大名响彻东南半壁。

咸丰帝

真是丢脸啊，我深为倚重的僧王也挡不住洋人的枪炮，这可怎么办！

曾国藩

僧王也不过如此。

僧格林沁

老曾，你这么说我不跟你抬杠。神仙难躲一溜烟。我的骑兵对付洋人的洋枪火炮不行，可对付太平军、捻军在行！

张皮绠

怎么不实话实说呢？你怎么死的不知道啊？

僧格林沁

我就死在你手，你还敢在这儿瞎嘚瑟，不想活了吗？

张皮绠

不想活的是你，太轻视我们捻军了！太平军被老曾剿灭了，可我们捻军是好惹的吗？我们捻军崛起于皖北、豫东一带，人员都是遭了灾的黄泛区难民。捻军还有很多在清廷盘剥下破产的农民、手工业者，以及不少裁撤的兵丁。捻军的队伍有大有小，小的只有几个人或几十人，大的成百上千也有可能。到了大战的时候，小股队伍就会会聚起来，形成庞大的临时武装，就像捻芯一样，因此被称为捻军。我们装备了马匹，机动性大大提高，绝非靠两脚打仗的太平军可比。

僧格林沁

在蒙古铁骑面前，你们都可以忽略不计。

张皮绠

是骡子是马，牵出来遛遛！

曾国藩

僧王顽固守旧，打法落后，想用打败太平军的方法来打败捻军，太天真了。

僧格林沁

我率领骑兵围攻捻军根据地雉河集，擒杀捻军首领张乐行，让捻军大为震怖！小样，这才是小试牛刀而已。

张皮绠

再试牛刀，你就废了！你以为杀了首领，捻军就会消散吗？捻军都是零散武装，各自为战，散而能合，合而能散，灵活机动。张乐行死后，捻军在赖文光的率领下，跟太平军余部在河南南部会合，形成了新的捻军。新捻军大大提升了骑兵比例，而且都配备长枪。长枪骑兵，可是你们蒙古铁骑的克星啊！

曾国藩

僧王跟新捻军在襄阳大打出手，新捻军爆发出惊人的战斗力，在正面交战中击败清军。僧王兵分三路，企图以快速的攻势歼灭敌人。早有准备的捻军依靠工事挡住了清军进攻，顺势击溃了清军右路的绿营步兵。接着，捻军左翼包抄了清军的中、左两路，导致后者大败。僧格林沁仅带着几十名骑兵退入邓州。

僧格林沁

耻辱啊。吃了这么个大败仗！我本有调动湘军的权力，可是我拉不下那个脸来。我堂堂蒙古王爷，麾下都是蒙古铁骑和八旗的满蒙将勇，怎么好意思跟曾剃头训练出来的那些土包子汉军张口求援啊。

张皮绠

为了救援被捻军围困的菏泽，僧格林沁率军攻入山东。捻军按计划撤退，僧格林沁亲自率军追击，不料遭到捻军回头猛攻。清军主力在对手的两翼骑兵迂回下，几乎全军覆没。陷入癫狂的僧格林沁，继续带着少数骑兵突围。在高楼寨，再次遭到了捻军精心设计的伏击，重伤坠马的僧格林沁被我杀死在麦地里。

曾国藩

堂堂的蒙古王爷，竟然死于一个小兵之手，真是奇耻大辱。随他而去的，还有八旗子弟、绿营兵最后的精锐，以及曾经不可一世的满蒙铁骑的绝世英名！以后就是我们湘军的天下了。

僧格林沁败死后，大清帝国的正规军彻底覆亡，进入了不得不依靠曾、左、李等汉族大臣团练的新军内外支撑、苟延残喘的日子。地方军阀从此拥兵自重、尾大不掉，埋下了大清灭亡、北洋军阀割据混战的隐患。

小剧场

很能吹！
我不光能对付太平军，我还能对付洋人。
虽然我被吓跑了，可依然为你的英勇善战点赞！